注目FC経営トップに聞く
フランチャイズビジネスの魅力

Charm of the franchise business

監修
株式会社アクアネット
フランチャイズ経営研究所
代表取締役社長
民谷昌弘

ダイヤモンド社

はじめに

フランチャイズチェーンと聞くと、コンビニエンスストアやハンバーガーショップを思い浮かべる方が多いのではないでしょうか。しかし、最近では、学習塾や介護サービス、フィットネスクラブなど我々の生活に密着したサービス業分野や住宅販売、住宅リフォームなどの建築業分野などでもフランチャイズチェーンが増えています。小売業から飲食業そしてサービス業と幅広い分野でフランチャイズチェーンは広がりを見せ、日本には現在1300以上のチェーンが存在しています。

日常の我々の生活に欠かせない存在に成長しているフランチャイズビジネス業界ですが、起業家としての道を歩む第一歩として、ＦＣ《フランチャイズ》加盟オーナーになるという選択肢があります。ＦＣ加盟オーナーになるという選択は、自分自身で独自の業態を考え、立ち上げるよりもはるかにリスクの少ないものとなります。

また、見方を変えると自らが働く場としての魅力が大きい業界でもあります。多彩な業種、業態を要するフランチャイズビジネス業界では、自分の個性を発揮し、自身のやりたいことを実現できる場が数多く提供されています。

本書は、近年注目されているフランチャイズチェーン10社の経営トップに、加盟オーナーとして独立する、自社で社員として働くというそれぞれの視点でその魅力を語っていただきました。フランチャイズシステムという経営システムを通じて、多くの人たちがともに協力し合って、地域に密着したビジネス展開で社会に貢献し、多くのお客様の信頼を勝ち得ている各社の魅力が生き生きと伝わってくると思います。

本書に登場する10社には、フランチャイズ展開をこれから始めようというFC本部から20年以上の時を経て1000店舗以上の規模にまで拡大しているところまであります。それぞれ、業種も違えば、企業の歴史や企業規模も異なります。それでもフランチャイズシステムを活用して、成長を加速させ、多くの人たちと一緒にビジネスを拡大し、今後ますますその発展が期待されているところは共通しています。そして、各社の経営トップは、人間的魅力に溢れ、それぞれのＦＣ加盟オーナーの方々、社員の幸せの実現に向かって精一杯努力されているところも共通しています。

そんな各企業の理念やビジネスモデルに共鳴した方は、ＦＣ加盟オーナーとして加盟してみる価値があるか、自身が働く場として相応しいかをぜひ考えてみてください。

本書が皆様の未来を切り開くための一助となることを祈念しております。

株式会社アクアネット フランチャイズ経営研究所
代表取締役社長　民谷昌弘

もくじ

※注目FC企業　掲載は五十音順

やる気スイッチグループ

ユニバーサルスペース

民谷昌弘

FCオーナーになる魅力、FC本部で働く魅力

株式会社アクアネット
フランチャイズ経営研究所
チーフコンサルタント
専務執行役　松久憲二

フランチャイズ業界は多様な活躍の場を提供する

日本のフランチャイズ業界は、日本でフランチャイズチェーンの展開が始まった1963（昭和38）年以来、毎年、本部数を増やし続け、ＪＦＡ（日本フランチャイズチェーン協会）の2017年度調査によると売上高25兆5598億円、本部数1339、店舗数26万3490店という巨大な業界へと成長しています。

年々成長するフランチャイズ業界は、独立開業だけでなく、ＦＣ《フランチャイズ》本部で働く、加盟店で働くなど雇用面においても大きな社会貢献を果たしています。今後も、さらに優秀で、様々なキャリアを持っている人材へのニーズは高まるばかりです。

❖業界をリードするコンビニエンスストア

日本のフランチャイズ業界の最大の特徴は、コンビニエンスストア（ＣＶＳ）が売上高、システムの完成度で群を抜いているということです。本部数は、全体の約1・6％、店舗数は22％弱であるにもかかわらず、売上高では43％を超えるシェアを占めています。年商11兆円を誇る巨大産業に成長したＣＶＳチェーンは、見方を変えれば消え行く運命にあった日本の小売商店の救世主であったと言っても過言ではありません。最近は、セブン‐イレブン、ローソン、ファミリーマートなど大手チェーンの寡占化傾向が強まっています。

ＣＶＳ以外の小売業では、以前は菓子・パンや、衣料品販売のチェーンが中心でしたが、現在ではリサイクルショップや百円ショップなど業態が拡大してきています。

❖ファストフードはフランチャイズの代名詞

フランチャイズといえば、ハンバーガーやフライドチキンなどのファストフード（ＦＦ）ショップを思い浮かべる方も多いのではないでしょうか。アメリカで始まったフランチャイズシステムは、マクドナルドやケンタッキーフライドチキンといったＦＦチェーンの急成長に大きく貢献しました。日本でもこれらのＦＦチェーンは、私たちの生活の中にすっかり溶け込んでいます。一方、ラーメン店、牛丼、持ち帰り寿司、弁当など日本型のＦＦチェーンも飲食フランチャイズの中心的存在として成長しています。

❖業態の大型化と企業加盟の増大

前述のようにフランチャイズといえばファストフードという時代が長く続きましたが、最近では焼肉、ステーキなどの専門レストランや居酒屋などの大型飲食店もフランチャイズチェーンとして拡大しています。

こうした傾向は、脱サラや個人商店からの転業というイメージだったフランチャイズを、企業の新規事業への進出手段という印象に変化させつつあります。

実際、「フランチャイズ・チェーン事業経営実態調査報告書」（平成20年3月、経済産業省）によると、「法人・個人のどちらで加盟したか」について、「法人で加盟」45・8％、「個人で加盟」38・3％、「個人で加盟した後に法人化」14・0％となっており、実に60％近くが法人加盟となっています。

❖時代を映すサービス業フランチャイズ

サービス業フランチャイズは、時代とともに本部企業の構成が大きく変化しているのが特徴です。技術の発達や顧客ニーズの変化などに敏感に反応して、多くのニュービジネスが現れては消えているのです。

クリーンサービスや理美容、学習塾など個人向けサービス業はこれまで、比較的小規模で個人加盟中心に成長してきました。一方、自動車整備、住宅建築などは既存業界を対象として企業加盟を中心にチェーン拡大を図っています。単独では生き残りが難しい業界にあって、フランチャイズ加盟が企業の存続に大きな役割を果たしているのです。

❖海外進出の増加

成長著しいアジア諸国をはじめとした海外への進出を図る企業が増えています。その際の有力な手段となるのがフランチャイズシステムです。日本国内で培った技術、ノウハウ、ブランドなどを現地企業へ提供することで、ともに海外市場を開拓できるため、自力進出に比べてスピーディーかつ安全に海外進出が可能となります。

ＣＶＳ大手３社は、アジア各国に本格的に進出を果たしています。さらに、牛丼やラーメン店など、日本発のＦＦチェーンもアジアにとどまらずアメリカにまで本格進出を果たしています。また、最近は教育や美容などのサービス業にまでその裾野が広がってきています。

交通手段や通信技術の発達によって国境の概念が大きく変わろうとしている現在、さらに多くの本部が海外進出を果たすことは間違いないでしょう。

❖フランチャイズ業界は働く場が無限

日本のフランチャイズ業界は、今後もその成長基調が続くと予想されています。海外への進出意欲も旺盛です。そして、小売から外食、サービス業と非常に幅広い業種、業態から成り立っており、多くの人たちが活躍できる場が無限に存在しています。

ＦＣ本部で働く、フランチャイズオーナーになる、加盟店で働くなど、働く場にも多くの選択肢があり、さらに国内だけでなく、海外で働くという選択肢もどんどん広がっています。

つまり、多くの人たちの夢を実現するために様々な活躍の場を提供してくれるのがフランチャイズ業界だと言えるのです。

本部と加盟店の役割と求められる機能

フランチャイズビジネスは年々拡大し、様々な事業分野において、日本経済の活性化に大きく寄与し、地域社会に多大な貢献を果たしています。しかし、システムの性質上、お互いの役割などが理解されにくいところがあります。

そこで、まずはフランチャイズ本部と加盟店の役割について正しく理解していただき、フランチャイズオーナーとしてだけではなく、働く場として、そして将来の独立開業へのステップとして、その魅力を知っていただこうと思います。

❖フランチャイズチェーンの仕組み

フランチャイズチェーンはフランチャイズ本部とフランチャイズ加盟店の両者によって構成されています。両者の関係は図1（19ページ参照）のようになります。お互い資本関係があるわけでも、雇用関係にあるわけでもありません。お互いに独立した事業体がフランチャイズ契約によって同一ブランドで同業態を運営する仕組みです。

したがって、フランチャイズビジネスの健全な発展には、本部と加盟店がお互いを尊重し合い、お互いの役割を明確に理解し、それぞれが与えられた機能をより高いレベルで推進することが求められているのです。

❖フランチャイズ本部の役割

フランチャイズ本部は、加盟店を永続的に繁栄させ続けることが最大の使命となります。そしてそのために、競争力強化とマネジメント、オペレーションレベルの向上、標準化推進という役割を担います。つまり、チェーン全体の競争力強化と収益性向上に向けた活動が中心となります。

競争力強化には、マーケティング分野（主に商品力と営業力）の機能充実が、マネジメント、オペレーションレベルの向上にはスーパーバイジングとトレーニング機能が、成功の鍵を握るのです。

❖商品力強化が最大の役割

競争力強化に最も重要なものが「商品力強化」です。商品力強化のためには、商品開発力と価格競争力の強化が求められます。商品開発に関しては、適切な頻度で新商品開発を継続することと、名物と言われるような商品を開発し続けられる体制が求められます。そして、多店舗化を背景に原材料や資材の調達力を強化することによって価格競争力を向上させることも不可欠です。

❖営業力強化のためのノウハウ

営業力強化のためには、広告宣伝、販売促進ノウハウの強化が重要です。ブランドイメージを高めるための広告宣伝と店舗における効果的な販促活動などのノウハウ開発は、本部に課せられた重要な役割です。店舗のレイアウトや陳列方法、宅配やネットによる受注など時代に対応した新しい販売手法を開発することも営業力強化には不可欠です。また、店舗を有するチェーンの場合は、出店可能な立地を開発・創造することも求められます。商店街立地

図1　フランチャイズチェーンの仕組み

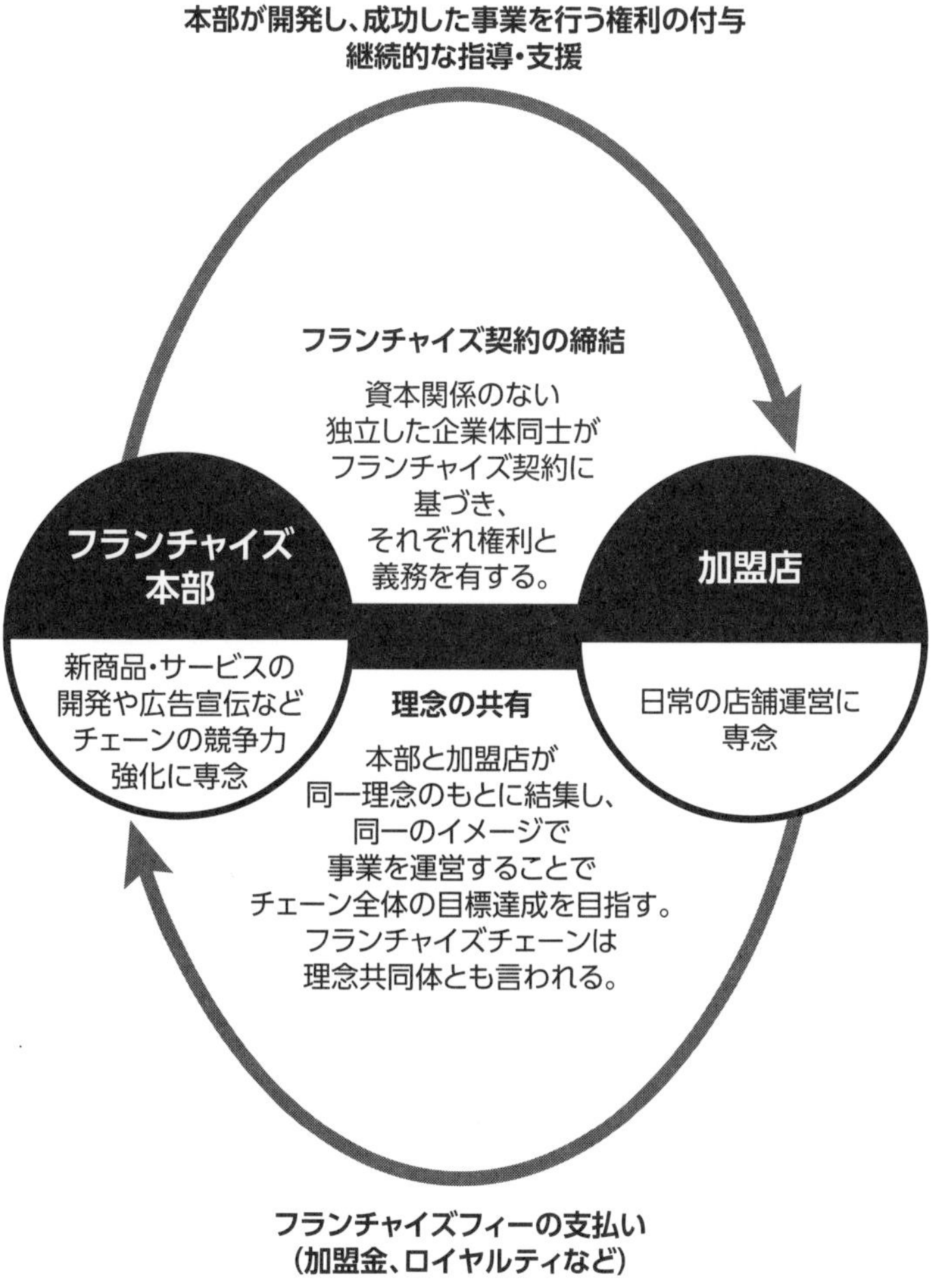

だけではなく、郊外型、ショッピングセンター内など多様な立地での出店を実現することも本部に求められる重要な役割です。

❖スーパーバイジング機能が、成功の鍵を握る

本部が競争力を高める努力を行っても、加盟店が本部方針に沿った適切な運営を行わなければ、全く意味のないものになってしまうのがフランチャイズチェーンです。本部が開発した事業ノウハウを加盟店がそのとおり実践し、成功させるためにトータルでサポートするのがスーパーバイジング機能です。

つまり、お店の経営コンサルタント的な役割を果たすのがスーパーバイザーというわけです。

❖情報システムなくしてFCは存在せず

最近は、本部と加盟店間の情報流通の速さと正確さがチェーン全体の競争力を決めると言っても過言ではありません。本部は、スピーディーに正しく情報を収集し、店舗に素早くフィードバックする仕組みを構築することで、競合他社に打ち勝つ施策をタイムリーに実行するという役割を担っています。

❖フランチャイズビジネスは教育産業

本部ノウハウを一定のレベル以上で実現して初めて、加盟店は成功できます。そして、そのためには、加盟店に対しての効率的かつ効果的なトレーニングシステムが必要です。併せてノウハウをビジュアル化したマニュアルも不可欠なツールとなります。

本部ノウハウは職人を育成するように時間をかけて伝授するものではありません。短期間で効率よく加盟店のスキル向上を実現できる仕組みづくりが本部に課せられた役割となるのです。

以上のような本部に課せられた役割をより高いレベルで実現するために、多くのスタッフが日夜努力しているのがフランチャイズ本部です。

❖加盟店は本部ノウハウ実行によって収益の最大化を

通常、個人商店の場合は、商品開発や仕入先の開拓などに煩わされますが、フランチャイズ加盟店の場合は営業に専念すればよいという大きなメリットがあります。したがって、加盟店は本部ノウハウを忠実に実行することで日常の営業活動を効率的に推進し、より高い収益を実現するということが最大の役割となります。

❖チェーンの一員としての役割

加盟店には、チェーンの一員として様々な情報を本部に提供するという役割も期待されています。新しい店頭販促や陳列方法が成果を上げたなど店頭情報を本部に提供することで、チェーン全体の競争力アップにつなげられるのです。

❖人材育成は将来のために

加盟店といえども最近は複数店経営が当たり前になってきています。また、加盟店だから言われたことを言われたとおりにやってさえいればよいというわけではありません。現場における創意工夫や資金調達など経営者としての力量も問われます。したがって、事業の継続と将来の拡大に向けて、人材を育成することも重要な役割となります。

本部支援はあくまでもトレーニングノウハウの提供にとどまっています。人材を実際に育成する役割を担っているのは加盟店自身です。

このように本部と加盟店がそれぞれに役割をしっかりと果たして初めて、チェーン全体が繁栄できるのです。そして、このように様々な役割が求められるがゆえに、多くの人たちが活躍できる場としてフランチャイズビジネスが魅力的だと言えるのです。

フランチャイズオーナーへの道①

メリットを十二分に享受しよう

「独立したい」「自分のお店を持ちたい」と思ってフランチャイズオーナーになろうと考えたことのある人は多いでしょう。また、最近では、企業がフランチャイズオーナーになるケースも増えてきています。

❖加盟動機は〝創業〟がダントツ

前述の「フランチャイズ・チェーン事業経営実態調査報告書」より、「チェーンに加盟した主な動機」、つまりフランチャイズオーナーになった動機を見てみます。「創業・起業のため」が50・6％とダントツ1位。その後、「従来事業に加え新規事業の開拓のため」28・2％、「従来事業からの業種転換のため」9・1％と続きます。前述した法人加盟の比率から見ても、個人でも法人設立してフランチャイズ加盟するケースが多くなっていることがうかがえます。

これには業態の大型化傾向に加え、会社法改正で1円起業が可能になったことや介護サービスなど法人でなければ始められない業態の増加が影響していると思われます。

いずれにしても、新しく事業を始める際にフランチャイズを選択する個人・企業が増加しています。その背景には、フランチャイズオーナーになるメリットの存在があります。

ここでは、主なメリットをいくつか紹介します。

❖事業成功の確率が高くなる

フランチャイズビジネスでは、本部が実際に成功した方法を標準化し提供してくれます。したがって、自力開業に比べ、明らかに成功確率は高くなります。

「フランチャイズ・チェーン事業経営実態調査報告書」によると、「現時点での投資資金の回収見込み」つまり、調査時点で投資した資金がどの程度回収できているかという質問に対して、「予想よりも早く回収または回収中」17・7%、「予想どおり回収または回収中」30・8%、「予想よりも遅れて回収または回収中」32・2%、「回収の見込みが立たない」12・6%という回答でした。つまり、約80%が資金の回収に目処が立っているのに対し、回収見込みが立たないが約13%です。フランチャイズビジネスの成功確率の高さがうかがえます。

ビジネスには必ずリスクが伴います。絶対に成功するというビジネスはありません。成功確率が高くなる（失敗する確率が低くなると言ったほうが正確かもしれません）ことは、フランチャイズオーナーになる最大のメリットではないでしょうか。

❖ 事業展開にスピードをつけられる

新しい事業を始めようとすると通常はとても時間がかかります。たとえば、ラーメン店を開業しようと思ったとします。市場調査をし、メニューを考え、仕入れ先を確保し、ブランドや店舗のデザインを決め、ラーメン作りの技術を習得し…などなど、非常に多くのことを行う必要があります。これを、勉強しながら自力で行うと、半年、1年はすぐに経ってしまいます。その間に、自分が作ろうと思っていたものと類似のラーメンを他社が提供し始めるかもしれません。時代が変わり、そのラーメン自体が受け入れられない状況になるかもしれません。そんなことにならなくても、開業するまでの生活費が足りなくなり頓挫するかもしれません。

新しい事業を成功させるためには参入のタイミングも大切です。フランチャイズオーナーになると、本部のサポートがあるため最短期間で事業が始められます。極端なことを言えば、今日FC契約を締結して明日から事業を開始するというのも業態によっては可能です。経営環境の変化のスピードが激しい現代では、旬の事業に適切なタイミングで参入できるスピードは大きな魅力です。

❖ 間接経費を節約できる

フランチャイズチェーンでは、本部と加盟店が役割を分担し、チェーン運営を行います。たとえば、新商品開発や広告宣伝の企画などは本部が担当するため、フランチャイズオーナーは店舗運営に専念できる仕組みです。つまり、これらの業務を行うための専門スタッフを雇用したり経費を負担したりする必要がありません。当然ながら、こういった経費はロイヤルティなどでフランチャイズオーナーも負担していますが、すべて自前で行うことを考えればはるかに少額の負担で済みます。しかも、本部の専門部署で鍛えられたスタッフの仕事は、その品質も高くなることが期待できます。

❖ 継続的な支援が期待できる

新しい事業が無事軌道に乗り、事業が安定してきたとしても、それがずっと続く保証はありません。経営環境は変わります。いまお客様に支持されている商品やサービスが今後も売れ続けるとは限りません。むしろ何もしなければ時代から取り残される可能性のほうが高いでしょう。

そこで必要なのが、時代の変化に合わせ事業を変容させる柔軟さです。しかし、自分（自社）だけでこれを継続的に行うのは至難の業です。フランチャイズオーナーになると、本部が経営環境の変化に合わせた様々な施策を提案してくれます。しかも、通常は直営店舗や他の加盟店舗で試験的に取り組んで成果を上げた施策なので、うまくいく確率の高い内容のものです。

事業を長く続けるためには、継続的に本部支援を受けられることは大きなメリットです。

また、「経営者は孤独だ」とは、よく聞く言葉です。どんな事業でも常に順調ということはありません。むしろ日々いろいろな問題が発生します。フランチャイズオーナーは、経営者としてこれらの問題の解決に取り組むことになりますが、時には気持ちが滅入ったり、悩みや愚痴をこぼしたくなったりします。そんなときに話し相手になってくれる人が意外に周りには少なく、かといって部下を相手にこんな話もできず、先程の「孤独だ」という状況に陥ってしまいます。しかし、フランチャイズチェーンでは、スーパーバイザーをはじめ様々な本部スタッフに相談ができます。

事業は良いときも悪いときもありますが、継続するにはモチベーションの維持も大切です。本部の継続支援は事業継続のための大きな力となります。

❖デメリットも？

ここまでフランチャイズオーナーになるメリットを見てきました。しかし、当然ながらデメリットもあります。代表的なものをいくつか紹介します。

まずは、本部の指導・統制に従わなくてはならないこと。フランチャイズオーナーは経営者ですが、自分で好き勝手な運営ができるわけではありません。ＦＣ契約に基づき、本部が定めたルールに従う必要があります。これを窮屈だと感じる人にとってはデメリットとなるでしょう。しかし、前述のように我流で順調な経営を続けるのは困難です。この窮屈さは本来メリットなのです。

次に、継続的にロイヤルティ等の支払いが発生することです。たしかに、できればお金の支払いは少なくしたいと思うでしょう。しかし、これも、本部が自分の役割を適切に果たしていれば、むしろ自前で間接部門を持つよりも安上がりです。目の前でお金が出ていくとどうしてもデメリットに感じがちですが、きちんとした本部と契約していれば、これもメリットの裏返しです。

最後に、契約終了後も一定期間、同業の営業が禁止されるというものがあります。たしかに、技術やノウハウを盗むためにフランチャイズオーナーになるならデメリットでしょうが、それは論外です。通常はあまり気にする必要はないと思います。フランチャイズチェーンは、本部と加盟店が、50年、100年と長い期間、同じブランドでともに事業を行う仕組みです。実際、セブン‐イレブンの第1号オーナーも40年以上経ってもまだオーナーとして経営されています。

このように、主なデメリットはメリットの裏返しとなることがほとんどです。つまり、捉え方の問題です。メリットと感じられない人は、そもそもフランチャイズオーナーに向いていないのかもしれません。

フランチャイズオーナーへの道②
FC本部が採用しているオーナー支援制度を活用する

フランチャイズオーナーとして独立するには、通常は、オーナー募集をしている本部に加盟を申請して必要な審査を経た後、加盟契約を締結して、必要な資金を調達した上で、晴れてフランチャイズオーナーとして独立、開業を果たすというステップを踏むことになります。

しかし、資金が足りない、全く経験のない事業に取り組む不安が大きいなどの理由から、誰でもが望みどおりの本部のフランチャイズオーナーになれるわけではありません。

そこでここでは、資金や経験不足を解消でき、リスクを軽減してくれるＦＣ本部制度をいくつか紹介します。

❖近年、多くの本部で採用されている社員独立制度

フランチャイズオーナーへの道で最も成功率が高く、多くの本部で採用されている制度が社員独立制度（のれん分け制度）です。一定期間社員として直営店や本部で働いて、独立資格を得た後、本部の審査を経てフランチャイズオーナーとして独立するという制度です。

通常は独立までに数年の勤務期間や一定の社内資格の獲得、研修修了などいくつかのクリアしなければならない要件があります。また、社員独立とはいえフランチャイズオーナーになるわけですから、必要資金の準備も不可欠です。ただし、融資や設備貸与などいくつかの優遇策を準備している本部も多いです。両者に大きなメリットがあるため、近年非常に多くの本部で採用されるようになってきています。

これは、社員独立制度によるＦＣ展開が、人事面での活性化につながり優秀な社員の確保、社員の意欲向上に大きな役割を果たし、結果として社員の高齢化防止など企業全体の成長と経営の効率化にも大きな貢献を果たしているからです。

❖本部が店舗を用意するターンキー制度

ターンキー制度とは、開業資金を用意できないがフランチャイズオーナーとして独立したいというオーナー候補者に対して本部が店舗を用意し、オーナーに一定の条件で使用させる制度で、フランチャイズオーナーは店舗の鍵を受け取ればすぐに開業できることからこの名称が付いています。フランチャイズオーナーの負担割合は、本部によって様々ですが、開業費用を軽減できることから、比較的資金にゆとりのある本部の加盟店開発の促進策という色合いが濃い制度です。

コンビニエンスストアや比較的小型のＦＦチェーンなど個人オーナー向けの業態が中心で、最終的には収益の中から資金を確保して、オーナー自身が店舗を所有する独立オーナーを目指せる制度も多いです。

❖素早い審査で実行されるFCローン

フランチャイズオーナーとして十分な資金が準備できないという場合、通常は自分で日本政策金融公庫や民間銀行などの金融機関から資金調達を行います。しかし、個人の資格ではなかなか融資が下りない、下りるまで長時間を要してしまうということが起こります。

そこで、スムーズに短期間で融資を実行することで開業までの期間短縮や融資にかかわる煩雑な手間を省いた制度が「FCローン」と呼ばれる融資制度です。

これは、FC本部と金融機関が提携ローン契約を締結し、加盟店への融資を支援する制度です。融資に際しては当該本部への加盟が条件となり、本部審査をクリアしていれば原則として融資は実行される仕組みになっています。

❖本部からオーナーへ直接行われる本部融資制度

本部がフランチャイズオーナーに直接融資する制度です。

FC本部は一般的には、リスクを考慮して直接融資を行うことには消極的です。しかし、本部によっては、本部施策の浸透やフランチャイズオーナーの生活維持のために、直接融資を行うことがあります。FCチェーンは統一イメージが大切です。店舗イメージを一新する場合、できるだけ短期間ですべての店舗を改装することが求められます。そこで、資金面での優遇策として本部融資が実施される場合があるのです。以前、モスバーガーがこの制度を活用して一斉改装を進めたのを覚えている方も多いのではないでしょうか。

また、コンビニエンスストアでオープンアカウントという制度を採用しているところは、一定水準を下回る売り上げの場合、決められた範囲で融資を実行しています。これは、フランチャイズオーナーの生活費として最低限の資金を貸し付ける制度ですが、あまり長期にわたるようだと経営が継続できなくなるため、あくまで緊急避難的な措置だということです。

また、先に説明した社員独立制度においても本部融資が実行される場合があります。社員独立制度の場合は、本部が十分にオーナーとの信頼関係が構築できている場合が多いことと独立後の収益予測が比較的容易なことから、直接融資を行う場合があります。

そして、社員独立制度と本部融資制度を組み合わせることで、ＦＣ加盟店拡大スピードを加速させることが可能となっています。

❖開業までの〝慣らし運転〟――インターンシップ制度

加盟希望者に、フランチャイズオーナーとして開業するまでの一定期間直営店などで働いてもらって、開業に向けて〝慣らし運転〟をしてもらおうという制度です。

最近は、通常の就職においても学生がいくつかの企業で一定期間働くこと（インターンシップ制度）で、会社の風土を知ったり、実際の業務内容を把握したりすることにより就職してからのミスマッチをなくそうという動きが広がっています。ＦＣチェーンにおいても、加盟してから「話が違う」「多額の費用をかけて加盟したものの、こんなに大変だとは思わなかった」「こんなことまでやらなければならないとは思わなかった」などというミスマッチやトラブルを回避し、後悔しないＦＣ加盟を実現してもらおうという趣旨で生まれた仕組みです。

以上のように、フランチャイズオーナーがリスクを軽減できるよう、様々な本部支援体制が設けられています。本部にとってもフランチャイズオーナーが成功して２店目、３店目へと店舗を拡大してもらえることがチェーン全体の繁栄にもつながると考えています。

したがって、フランチャイズオーナーにはなりたいけれどなかなか決断できないという場合、これらの本部制度をうまく活用して、できるだけリスクを回避しながらフランチャイズオーナーへの道を目指してみてはいかがでしょうか。夢はきっとかなえられます‼

フランチャイズ本部のスタッフとして働く

フランチャイズチェーンのお店はいつも利用するので、どんな仕事をしているかはわかるが、ではＦＣ本部はどんな仕事をしているかというと、よくわからないという方が多いのではないでしょうか。

そこで、ＦＣ本部の組織とそこで働くスタッフがどんな仕事をしているかを紹介します。

❖まず、FC本部の組織を知る

FC本部は、簡単に言うと、加盟店を増やし、加盟店の永続的な繁栄を支援するための業務を行っています。会社組織ですから一般の企業同様、経理、人事といった管理部門は存在しますが、ここではFC本部に特徴的な組織を中心に説明します。

図2（37ページ参照）は、FC本部企業の組織図例です。業種や規模によって若干異なりますが、必要な機能は網羅されています。

❖加盟店開発部門は最強の営業部隊‼

FC本部組織で特徴的な部門の第一は、FC加盟店を獲得するためのセクションです。一般的には加盟店開発部門と呼ばれ、加盟希望者の発掘から加盟契約、開業までを主管する部門となります。

加盟希望者の発掘、説明会の開催、希望者に対するフォロー営業という業務の流れとなります。そして、加盟契約から開業と続き、開業前にスーパーバイザーに業務を引き継いでひと区切りという場合が一般的です。したがって、契約したら終わりというわけではなく、開業までのスケジュール管理も大切な役割となります。

加盟店開発担当者は、ＦＣチェーンにおいて最も大切な「加盟店を増やす」という使命を担っています。したがって、一定期間内に目標加盟店を確保するという強い意欲の下に活動することが要求されます。つまり最強の営業部隊であることが求められるのです。

❖物件（店舗）開発なくしてオープンなし

ＦＣ本部において「開発」というと加盟店開発のイメージが強いのですが、有店舗型の本部においては物件開発も非常に重要な職務となります。加盟希望者はいるのだけれど出店場所が決まらないので店舗をオープンできないという話はよく耳にします。つまり、物件開発は店舗数を増やすという点では、加盟店開発に引けをとらない重要な役割を果たしているのです。

なお、物件開発担当者には不動産取引や立地診断などの知識が求められます。

開発部門で働く人は、加盟店になりたい、物件を貸してもよいという外部の人たちとの交渉役を果たします。したがって企業の代表として、社会人としての常識は当然のこと、自社の事業内容や業態の素晴らしさを、自信を持って語れるようになることが不可欠です。

ＦＣ加盟では、開発担当者に惚れて加盟するという方が多いことも見逃せない魅力の一つです。

図2　FC本部組織図の例

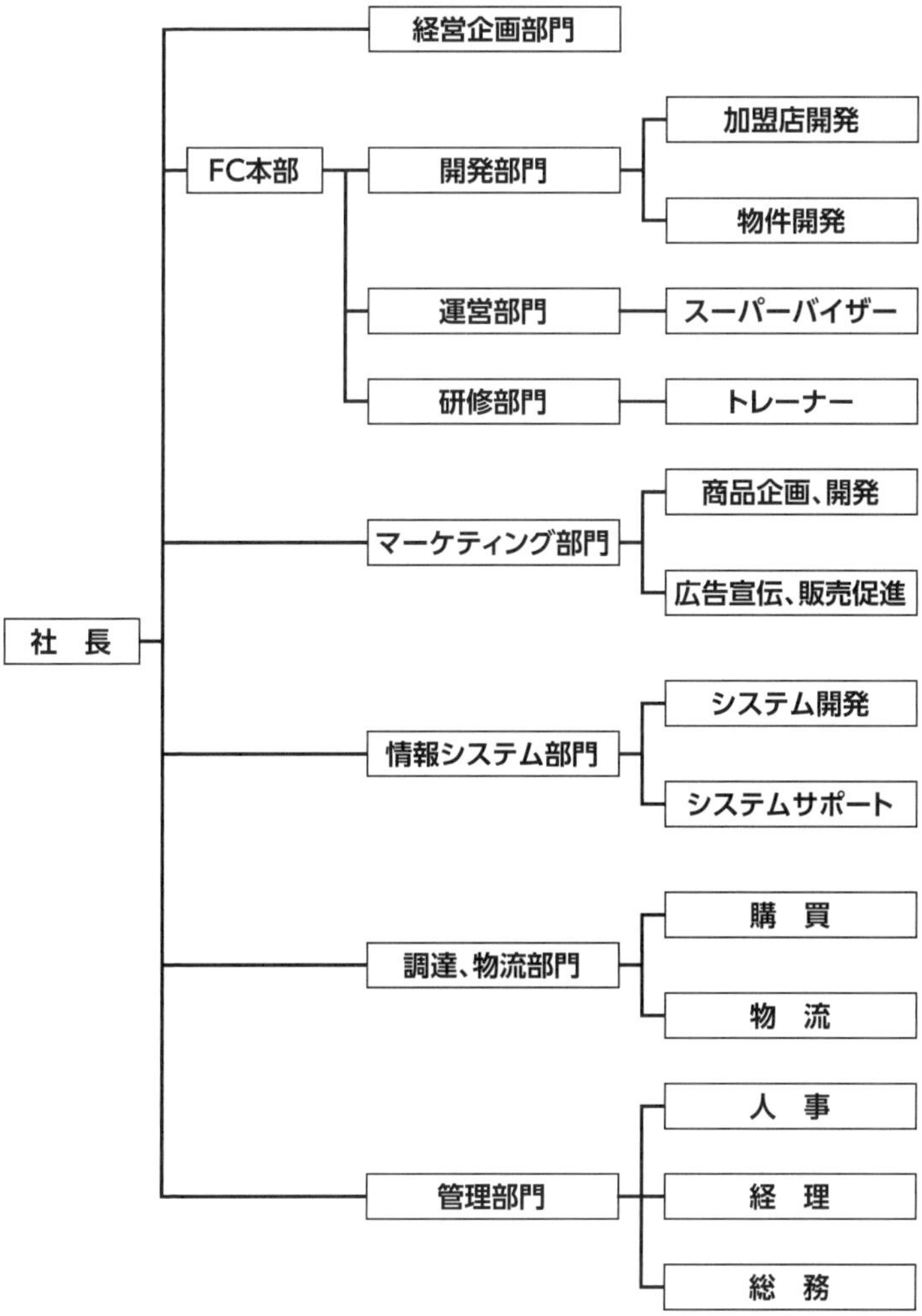

❖トレーニングはFCチェーンの品質を決定する

多くの企業において教育担当者というと人事部門の管轄となります。しかし、これは社員向け研修の担当部署です。加盟店向けの研修は、FC本部が担当する場合が一般的です。加盟店向け研修には、開業前に本部ノウハウをひととおり身につけてもらうものと、開業後レベルアップを図るためのものがあります。「FCチェーンは教育産業」だと言われるくらい加盟店に関する教育研修は重要です。したがってトレーナーは、事業に精通し、業務改善に継続的に取り組むことが要求されます。

また、教育者としての人間的魅力を備え、論理的に話せることがトレーナーの要件となります。人を育成することに情熱を注げる魅力的な仕事です。

❖スーパーバイザーはお店の経営コンサルタント

最近はマスコミなどでスーパーバイザー（ＳＶ）の仕事が紹介されるようになってきたので、お店を巡回して加盟店に対して様々なサポートを行っているというイメージはできているようですが、具体的にどんな仕事をしているかというと、よくわからないという印象が強いようです。

ＳＶという言葉は元々、アメリカでは現場監督などを指していましたが、ＦＣ本部では、お店が永続的に繁栄できるよう経営全般にわたって指導、支援する役割の人を指します。

ＦＣチェーンでは、本部ノウハウをそのまま加盟店で実践してもらうことが成功するためには不可欠です。しかし、店舗によって環境が異なり、オーナーの資質も多様です。したがって、決められたことを、決められたようにやってもらうよう管理・監督することも重要ですが、それだけでは、加盟店が順調に経営を続けられるわけではありません。そこで、重要となるのがＳＶの役割です。

ＳＶは各店の状況を把握した上で、加盟店の経営がうまくいくように最善の施策を提供したり、場合によっては実際に現場で活動を支援したりということも行います。さらに、経営者の悩み事の相談に乗ったり、従業員を動機付ける手助けをしたりと、まさにお店の経営コンサルタントとして活躍できます。

❖差別化と効率化を高めるスタッフ部門

チェーン全体の発展のために競争力を高め、効率化を推進するのがスタッフ部門の大きな役割です。

マーケティング部門は、新商品や販促手法の開発など業態の進化に向けて大きな役割を果たします。情報システム部門は、本部と加盟店間の情報面でのネットワーク化の推進により組織の効率化を促進しています。さらに、加盟店拡大に伴ってコスト競争力を高め、業態の差別化を推進するためには、調達・物流部門の役割も重要です。

ＦＣチェーンは、店舗が本部とは資本関係のない組織となっているため、事業規模の割には比較的コンパクトな組織で運営されています。したがって、経営トップに直結したフラットな組織で自分自身の能力を発揮し、企業を動かしてみたいと考えるチャレンジ精神旺盛な人には非常に魅力的な職場です。

フランチャイズビジネスの魅力

ここまで述べたように、フランチャイズ業界は活躍の場が豊富な魅力的な世界です。フランチャイズ本部企業には成長性が高い企業が数多く存在します。

成長性が高い企業はビジネス自体が魅力的です。新しいビジネスチャンスを多くの方に提供できます。職場として見ても、組織が急速に変わっていくため、仕事も多様化し、頑張ればどんどんステップアップできます。さらに、会社の成長スピードに合わせ自分も成長することが求められます。短期間で様々な業務を経験し、嫌でも実力が付きます。

具体的なフランチャイズビジネスの魅力は、このあと経営トップの言葉で確認してください。そして、気になる会社があれば、ぜひ直接会いに行き、話を聞き、現場を見学してみてください。加盟する、就職することにならなくても、きっとあなたの人生の糧になることでしょう。

本書で、フランチャイズビジネスの魅力を感じ、フランチャイズ業界で活躍する人が一人でも増えれば、こんなに嬉しいことはありません。

ADVANTAGE

アドヴァンテージ

ADVANTAGE Co.,Ltd.

[採用コンサルティング事業]

自社採用サイトとその集客プロモーションで 企業が自社で人材を採用する活動を支援

アドヴァンテージは企業の人材採用支援に特化した事業を展開。自社採用サイトを作成・運営するツールと、ウェブ／スマホマーケティングを活用した採用手法「ちょくルート」を構築し、ＦＣネットワークを通じて企業の採用活動をサポートしている。

飲食チェーン店（北海道エリア）のランディングページ「ジンギスカン採用」

☑企業が求職者を直接採用する仕組みを構築

企業の人材採用活動は従来、大手求人ナビサイト等の求人媒体に頼ってきた。だが、大手求人媒体に広告出稿しても、応募者が集まらないと嘆く企業は少なくない。大手求人媒体は膨大な数の企業が掲載されているメリットはあるが、とくに中小零細企業の場合、その中から自社が求職者の目に留まるのはきわめて難しい。

こうした状況を商機ととらえ、求職者と企業を直接結びつける採用コンサルティングを展開して成長しているのがアドヴァンテージ（2005年設立、従業員数52名〈パート社員・アルバイト含む。2019年2月現在〉）だ。その事業の中核は、「自社採用サイト」の構築・運営とウェブ／スマホマーケティングによる集客支援である。

近年、求職者の8割はスマホで仕事を探していると言われる。スマホなどでの検索に慣れたユーザーは、職探しのために求人サイトにアクセスするのではなく、検索エンジンで希望職種やエリアなどをキーワードとして直接検索する。

同社では、こうした求職者目線を重視し、検索結果に自社採用サイトをヒットさせることで、企業と求職者を直接結びつけるノウハウを構築。その独自の採用手法「ちょくルート」によって、世の中の企業の効果的な求人、採用活動の実現をサポートする。

同社の目指す企業と人材の未来について、中野尚範代表取締役社長は次のように語る。

「それぞれの企業の理念、未来、成長に合った人材が自社採用サイトを通じてその企業と出会い、その方が定着し活躍していくことが私たちのミッションの実現の第一歩だと考えています」

中野社長の信条は「志ある誰もが活躍できる世の中にする」ことだという。

☑日本初の有料携帯アルバイト求人サイトで起業

中野社長は子どもの頃に起業を志した。周囲には社長が多かった。祖父は工務店の社長で、祖母の兄弟5人中4人が社長だった。父親は自動車会社に勤めるサラリーマンだったが、売上で全国トップテンに入るようなセールスマンだったと

中野尚範（なかの・なおのり）社長

1971年12月、兵庫県洲本市生まれ。同志社大学商学部卒。大学2年、19歳で起業家養成塾に入り、フルコミッションの訪問販売営業を行う。その後挫折し、数百万円の借金が残ったがアルバイト掛け持ちで約1年で完済。28歳で上京、八王子で友人と携帯求人ポータル事業で起業し、株式会社ウィル・ビーの副社長となる。分社化して代表取締役社長に就任、のち株式会社アドヴァンテージに社名変更。これまでに200回以上の「採用マーケティング」のセミナーに登壇。趣味は読書、映画。特技は採用業界で培った豊富な人脈を活かしたヒトつなぎ。

いう。

夢への第一歩を踏み出したのは大学2年生のとき。自宅に来た訪問販売の営業マンの誘いで、起業家養成塾のような会社で働くことになった。その会社は、起業家志望の大学生を15人ほど一軒家に住まわせ、365日フルコミッション（完全歩合制）の訪問販売営業の仕事をさせていた。

毎日7時半に起きて30分の掃除と10キロのランニングをし、その後夜まで営業先を訪問。終わると1時間の筋トレや雑用、勉強で深夜1時半に寝るという生活だった。中野社長は「落ちこぼれで営業成績は振るわなかったものの、根性、知力、体力は身につきました」と振り返る。

大学卒業後も訪問販売を続けたが、その後、挫折し、数百万円の借金が残った。だが、アルバイトの掛け持ちにより約1年で完済した。

転機は28歳のときにやってきた。後輩から誘われて採用業界に入ることになったのだ。京都から上京し、東京・八王子で携帯求人ポータル「めるバイト」を後輩と共同で立ち上げた。これは、ドコモのｉモードなどを活用して、メールでアルバイトの求人情報を送る、日本初の有料携帯求人サイトだった。

顧客は大手人材派遣会社、飲食店などで、数千社の採用支援を行った。人材ビジネスの時流もあり、大幅に売上を伸ばした。中野社長は横浜支社を管轄し、やがて分社化して社長となり、派遣会社向けの自社採用サイトの制作と集客事業を展開することになった。

事業は順調に成長したが、経営幹部の対立などの問題を経て、分社先の経営権を買い取ってＭＢＯ（経営陣買収）で独立した。

この間、ベンチャーキャピタルからの出資や株式公開準備、業務資本提携、事業譲渡など起業家として多くの経験をした。

「もともとは商社を起こそうとしており、当初は採用業界にはさほど興味はありませんでした。しかし、採用業界に長年かかわる中で、自分のやりたいことが徐々に明確になり、普通の人たちが活躍できる社会を実現したいと考えるようになりました」という。

中野社長の言う「普通の人」とは、大企業で正社員として働いている人ではなく、中小企業で働いたり、派遣やアルバイトをしているような人だ。「彼らが輝かないと日本は良くならない」と断言する。

こうした思いが現在のアドヴァンテージのビジネスモデルにつながった。

当初は大手人材派遣会社などの自社採用サイト制作の受託・請負からスタートしたが、現在では独自の商品をパッケージ化している。同社の主要顧客は全国の中堅・中小・零細企業にまで広がっている。

業種は、人材派遣会社、製造業、携帯販売系など通信業、コールセンター、エンジニア系、飲食・サービス業、居酒屋、ファミレス、コンビニエンスストア、アパレル、看護・介護など多岐にわたる。

中小企業は人材確保に苦労している。たしかに、中小企業が大手企業よりもいい人材を集めることは難しいかもしれないし、大手の求人媒体は強い発信力をもっている。

しかし一方で、「本当に自分に合った就職」を求めている求職者も少なくない。

そこで、同社ではポイントを絞った分野での求人採用活動を支援する。業種やエリアを絞り込むだけでなく、たとえば「ブランクあり＋主婦」「介護しながらできる仕事」などマーケティングに基づく具体的な文言で訴求する。これは求職者の目線に立っていると同時に、その企業の求める人材像を明確にするというメリットもある。

☑自社採用サイト構築CMS「JOB!BASE」

同社の事業の中核は、求人広告だけに頼らず自社採用サイトを中心とした採用への変革をサポートすることにある。「めるバイト」で培ったノウハウを基に、企業の自社採用サイトの構築・運営、集客プロモーションを行う。

そのための主要ツールが、同社が独自に開発した自社採用サイト構築ＣＭＳ「ＪＯＢ！Ｂ

採用に関する最先端情報を、セミナー等を通じて全国の企業のみならず採用業界内企業にも発信

ＡＳＥ」である。

ＪＯＢ！ＢＡＳＥは、誰でも簡単に操作できるドラッグ＆ドロップ型ＣＭＳ（サイトのコンテンツを一元管理するアプリケーション）を使ったホームページや採用サイト構築ツールだ。

自社採用サイトを作成するテンプレートが予め用意されており、画像や文章を入れるだけでサイトが完成する。求人ページは自社に合わせた項目数や内容を掲載することができる。

会社メッセージや求人内容、写真などの原稿があれば、最短1週間で採用サイトの開設が可能である。

サイトは基本的に「ホーム」「採用情報」「会社について」「働く環境」「お問い合わ

せ」から構成されている。ポイントになるのは「採用情報」で、業種や仕事内容、勤務地などを細かく絞り込んだ情報が分かれて掲載されている。求職者がスマホなどで複数のキーワードで仕事探しをすると、トップページを介さずにこのページへ直接アクセスすることになる。

仮に、業種やエリア別に50の採用情報を従来の求人媒体に掲載しようと思えば、50枠の広告費が必要になる。しかし、JOB!BASEによる自社採用サイトでは採用情報がどれだけ増えても追加料金は発生しない。もちろん、採用が決まった場合の成果報酬もない。

採用活動で大事なのは自社採用サイトをこまめに更新して運営していくことだが、これまでは少しの修正でもその都度ウェブ制作会社に依頼しなければならなかった。しかし、JOB!BASEは、これまでは時間がかかっていたサイト修正も簡単な操作で行えるのでコストを大幅に削減できる。もちろん、ウェブ制作の知識がなくてもブログ感覚でサイトを更新することができる。

また、同社ではウェブアクセス解析ツールを使用し、自社採用サイトにアクセスしたユーザー行動を分析している。それにより、より多くの応募者を集めるための施策を検討・実行していく。つまり自社採用サイトは、常に改善がなされていくのである。

☑ 求人検索エンジンで自社採用サイトへ誘導

現在、企業の自社採用サイトへのアクセス数の増加に大いに寄与している存在が、求職者目線で構築されている求人専門検索エンジン「Ｉｎｄｅｅｄ」だ。毎月2・5億人以上のユニークビジターを記録している世界ナンバーワンの求人検索サイトである。求人サイト、新聞などのメディア、各種団体、企業の採用ウェブページなど、数千のウェブサイトを巡回して求人情報を収集している。同社では、リクルートによる買収以前に、日本でＩｎｄｅｅｄ代理店制度が始まった際、最初の契約社群の内の1社として事業をスタートし、いまではＩｎｄｅｅｄのシルバーパートナーとなっている。

Ｉｎｄｅｅｄのメリットは、求人広告がクリックされたときのみ料金が発生するクリック課金型の料金体系を採用していること。そして、求人広告に掲載されている情報より自社採用サイトに掲載されている情報が求職者に有益である場合、大手企業や中小企業に関係なく、自社採用の求人を掲載するサイトが優先される傾向があることなどだ。

また、検索結果には、有料で最上部に掲載されるスポンサー枠と、無料で自然と上位に表示されるオーガニック枠がある。Ｉｎｄｅｅｄはスポンサー枠とオーガニック枠の序列の公平性が保たれている。このオーガニック枠には、大手の求人広告サイトの求人広告よりも、

タクシー会社（東海エリア）のランディングページ「釣り部採用」。社長コメント「釣りとタクシードライバーには共通点がある」から着想を得て制作した。共通の趣味「釣り」を通じて共に働く仲間を全国で募集し、これまでアプローチできなかったポテンシャル人材にもアプローチが可能に

自社で運用している自社採用サイトのほうが上位に表示される確率が高くなり、クリック数も伸びていく。つまり、自社採用サイトがオーガニック枠に掲載されることで、無料で応募が獲得できるというわけだ。

さらに、２０１９年1月、日本でもリリースされた「Ｇｏｏｇｌｅ しごと検索（Ｇｏｏｇｌｅ ｆｏｒ ｊｏｂｓ）」やカカクコムが運営する「求人ボックス」といった求人検索エンジンへの期待も高まる。これらも、検索順位に伸び悩んでいた中小企業にとって応募者を集めるための強い味方になる可能性がある。

こうした検索エンジンが増えるということは、自社採用サイトへの入口がそれだけ増えるということだ。ＪＯＢ！ＢＡＳＥはすでに

「Ｇｏｏｇｌｅ　しごと検索」にも対応した。ただ、条件を絞り込む際のキーワードの配列によって表示のされ方がＩｎｄｅｅｄとは異なる点があり、今後、応募効果を上げていくためにはそのロジックを解明する必要があるという。

☑ランディングページで採用ターゲットを絞り込む

同社の幅広いサービスの一つに「採用ランディングページ」がある。採用ターゲット（年齢、男女、生活習慣、趣味・志向など）を明確化したページを制作して応募者を呼び込む仕組みである。効果的な事例として、クライアント限定（○○自動車、○○電機など）、特定職種（運送業、アパレルなど）、特定資格限定（看護師、司法書士など）、趣味・志向（寮・住み込み、日払いなど）に合わせるといったケースがある。

趣味・志向に合わせた面白採用プロモーションの一例が「野球採用」だ。ある携帯電話ショップの社長が野球好きで、「野球が好き」ということを採用基準とするランディングページを作った。同じように、釣り好きをターゲットにしたタクシー会社の採用サイト「釣り部採用」もある。

扉で紹介した「ジンギスカン採用」を展開している北海道の飲食チェーン店では、自社が運営する店舗で北海道のソウルフード・ジンギスカンを食べながら社長や店舗スタッフと話せる、体験型の採用イベントを実施している。

こうした面白採用はSNSなどによる話題の拡散を狙っている。

もちろん、このようにニッチなテーマばかりではなく、「ブランクあり」「新卒採用」といった絞り込んだ採用ランディングページを活用することで、各社求人にマッチングする応募者を獲得できる。成功のコツはキーワードの絞り込みにあり、ターゲットを限定することで長期的な集客効果も見込める。

採用ランディングページはJOB!BASEのオプションとして導入することができる。

☑パートナーの収益につながる「ちょくルート」

ここまで説明した自社採用サイトの構築・運営システムと求人専用検索エンジンを活用して、企業が直接求職者を採用することを支援する仕組みが「ちょくルート」である。

同社では「ちょくルート」の全国FC展開を進めている。ただし、既存のFCとはやや性格を異にすることから「ちょくルートパートナーシステム」という呼称となっている。

パートナー（加盟店）の本業は現在、社会保険労務士や税理士などの士業、広告関係、制作会社、コンサルタントなどの業種が多い。

直営店が札幌、横浜、大阪北の3店舗、「ちょくルートパートナーシステム」の加盟店が仙台、さいたま市、東京・新宿、名古屋、大阪中央、津の6店舗（2019年1月現在）となっている。それ以外にも石川県加賀市で、地域特化型の温泉旅館雇用促進プロジェクト「KAGAルート」を官民連携で展開している。

パートナーに求められる役割はフロント業務（「ちょくルート」の営業）である。本業でのクライアントなどへ直接営業したりセミナーを開催したりして、「ちょくルート」の告知活動を行う。そして、自社採用サイト構築・運営と集客プロモーションは本部が担う。

現在、「ちょくルート」を導入しているエンドクライアント（ユーザー）は800社を超える。これらの企業の3～7割は自社採用サイト経由の応募で採用が決まっているという。

導入にあたっては「チャレンジパック」とい

「ちょくルート」のエンドユーザー企業の成功事例

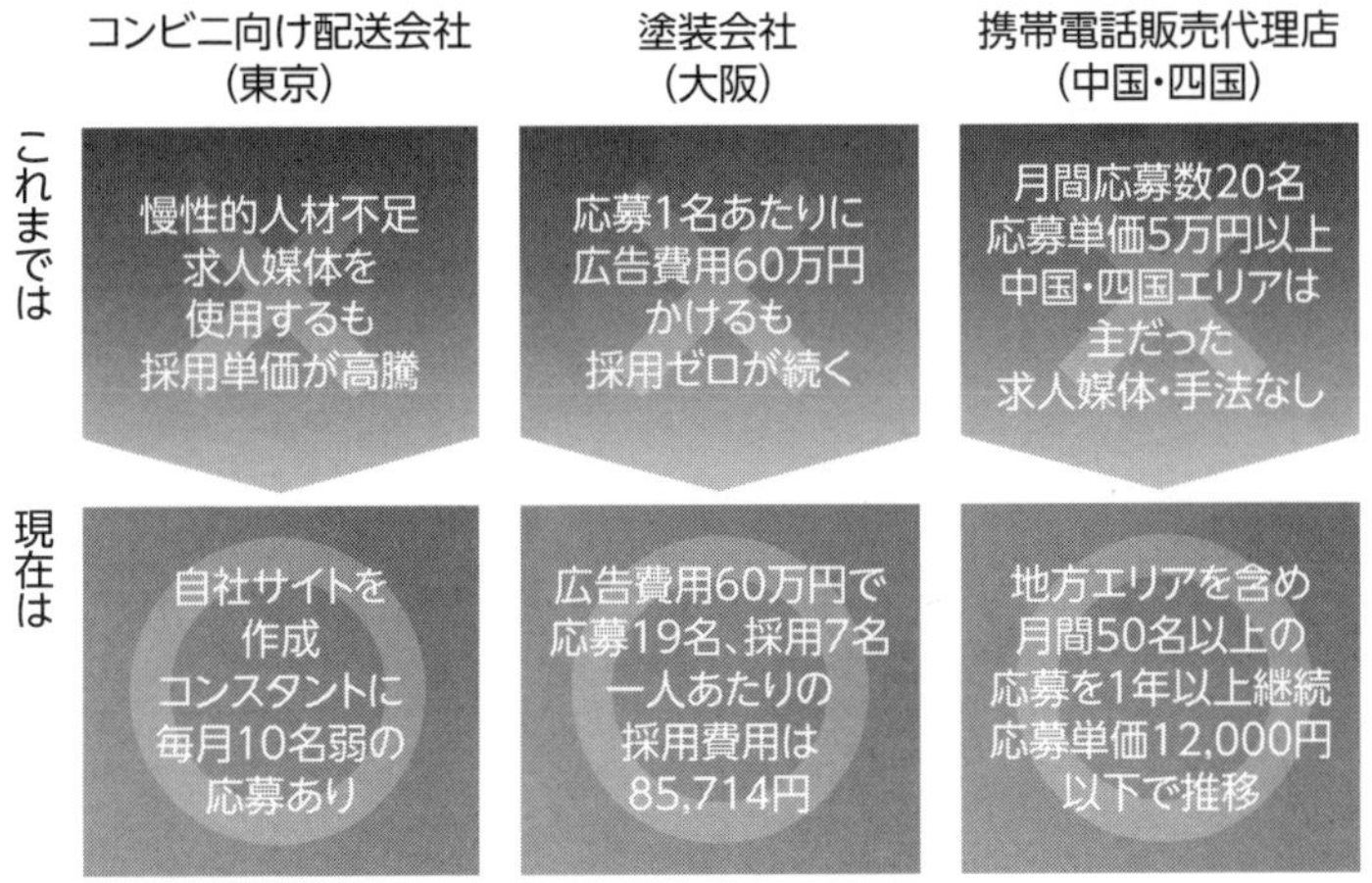

	コンビニ向け配送会社（東京）	塗装会社（大阪）	携帯電話販売代理店（中国・四国）
これまでは	慢性的人材不足 求人媒体を使用するも採用単価が高騰	応募1名あたりに広告費用60万円かけるも採用ゼロが続く	月間応募数20名 応募単価5万円以上 中国・四国エリアは主だった求人媒体・手法なし
現在は	自社サイトを作成 コンスタントに毎月10名弱の応募あり	広告費用60万円で応募19名、採用7名 一人あたりの採用費用は85,714円	地方エリアを含め月間50名以上の応募を1年以上継続 応募単価12,000円以下で推移

うプランが用意されており、ＪＯＢ！ＢＡＳＥと求人検索エンジン運用による集客プロモーションが活用できる。

　チャレンジパックの導入費は66万円である（サイト初期設定料金10万円＋ＪＯＢ！ＢＡＳＥ年間使用料36万円＋初回ウェブ広告費20万円）。12カ月契約が条件となっている。

パートナーには収益面のメリットがある。まず、「ちょくルート」のエンドクライアントを1社獲得すると、チャレンジパックの導入費の定率がパートナーの手元に入る。さらに、地域の企業への「ちょくルート」の営業活動を通じて、本業への好影響も期待できる。

　パートナーシステムでは初期費用以外、月々のロイヤルティ・協賛金などは不要である。

「弊社はパートナーシステムで儲けようとは考えていません。目的はあくまでも『ちょくルート』を普及し、志を同じくするパートナーの方とともに中小企業の人材採用活動を支援することです」（中野社長）

温泉旅館雇用促進プロジェクト「KAGAルート」は、加賀市、加賀温泉郷DMO、アドヴァンテージが官民連携体制で宿泊産業における働き方改革・就労環境改善に取り組み、新規就労者創出を目指す

中野社長には好きな絵本がある。絵本作家レオ・レオニ作の「スイミー」だ。小さな魚が集まって、大きな魚を打ち負かす話である。アドヴァンテージが目指す社会もそんなイメージだという。

「ちょくルートパートナーシステム」加盟店の研修風景。札幌、大阪北、横浜に直営拠点があり、パートナーは仙台、さいたま市、東京・新宿、名古屋、大阪中央、津の各地で展開している（2019年1月現在）

ちょくルート

自社採用サイトとウェブプロモーションにより〝直接〟応募者を集めて採用する仕組み、「ちょくルート」のロゴ

「絵本と同様に、個人や小さな企業が集まって、大きな勢力をひっくり返す。地域や業種に特化した中小企業などが一緒になって、いまの人材ビジネス業界と採用の構造を変えるようなことに挑戦したい。そうした採用支援を通して、普通の人たちが活躍できる社会を実現したいと思います」

アドヴァンテージと小さな魚たちが少しずつ社会を変えていく。

株式会社アドヴァンテージ

創　　業：2000 年 6 月（前身の有限会社ウィル・ビー）
設　　立：2005 年 6 月
事業内容：自社採用サイトで人材を採用する「ちょくルート」事業、「ちょくルート」のパートナーシステムの全国展開、「新規事業」開発支援事業

本　　社：〒 222-0033　神奈川県横浜市港北区新横浜 2-5-19
アプリ新横浜ビル 6F　電話 045-477-1033
支　　社：関西オフィス、札幌オフィス、加賀オフィス

沿　　革：2005年、有限会社ウィル・ビーから MBO で独立、現社名に変更
2016 年、自社採用サイト構築 CMS「JOB!BASE」を開発
2017 年、「ちょくルートパートナーシステム」の FC 展開開始
2018 年、求人検索エンジン「Indeed」のシルバーパートナーに昇格

関連サイト：https://adv-recruit.com/ （同社の採用サイト）
https://chokuroute.com/ （「ちょくルート」の公式サイト）
https://chokumaga.jp/
（同社が運営する採用メディア「ちょくルート Magazine」）

http://www.ad-vantage.jp/

うたプロモーション

Uta Promotion Co.,Ltd.

［カラオケハウス FC 事業］

「カラオケハウス」を全国に広め、日本人の健康寿命の延伸に貢献する

「カラオケハウス銀の夢」をＦＣ展開するうたプロモーションは、「健康×カラオケ」をコンセプトに、一人でも気軽に行けて純粋に歌うことを楽しめる場を提供。シニア世代の娯楽と健康増進のツールとしてのカラオケ普及を目指す。

「カラオケハウス銀の夢」の直営本店、日吉本町店（神奈川・横浜）

☑ カラオケでシニア世代の健康寿命を延ばす

うたプロモーションは、全国FCチェーン「カラオケハウス銀の夢」の本部として、カラオケが主体の飲食店を運営。全国展開へ向けて加盟店の募集とノウハウの提供、業務指導および加盟店の経営を支援するための企画やコンサルティング業務を行っている。

また、歌の楽しさやカラオケの効用を広く一般に伝えるための手段の一つとして、プロ歌手に対して、ミニライブやカラオケレッスンを企画するなどの活動支援と協力も行う。

宇野穰代表取締役が目指すのは、単にカラオケを提供するだけではなく、地域に密着した地元に愛されるコミュニティサロンとしての店をFC展開することである。

「近年、健康寿命という言葉をよく聞くようになりま

宇野 穰（うの・ゆたか）社長

1943年、宮崎県都城市生まれ。大学在学中、東京・銀座の大手キャバレーでアルバイトをしたのを皮切りに接客業を数十年経験、クラブやスナックなどを経営。2012年5月、うたプロモーション株式会社を設立、代表取締役に就任。翌年から「カラオケハウス銀の夢」のFC事業をスタート、現在加盟店は8店舗。禁煙、低価格・明朗会計、年中無休、ステージ設置、清潔で明るい店内などの決まりを設け、シニア層の支持を集める。2017年8月、一般社団法人日本カラオケ健康寿命延伸協会会長に就任。

した。健康寿命とはその名のとおり、健康上の問題のない状態で日常生活を送れる期間のことを言います。WHO（世界保健機関）のデータによると、日本人の平均寿命と健康寿命には男性で約9年、女性で約10年の差があるそうです。この事実に私は愕然としました。健康を損なってから人生の終末までの10年近くは、自分の足で立つこともできない寝たきりや認知症などの状態なのです。私は健康寿命を延ばすことが超高齢社会の日本を生き生きとさせる最善の道だと考えており、そのためのツールとしてカラオケに大きな可能性を感じているのです」

☑「カラオケハウス」という新しい営業形態

宇野社長は大学時代に東京・銀座の大手キャバレーでアルバイトをしたことをきっかけに、水商売の世界に飛び込み、数十年という長い期間を接客業にかかわってきた。クラブの経営を経て、カラオケが誕生する以前からスナック系の店を経営していた宇野社長にとって、カラオケの出現はインパクトのある出来事だったという。

1970年代に誕生したカラオケは、戦後の経済復興の担い手だったサラリーマンの憩いの場所的な役割を果たしていたスナックに一気に広がった。全盛期には全国に30万店以上もあったスナックのほとんどに、カラオケが置かれていたと言われる。

カラオケは集客効果とサービスの省力化につながり、もはやカラオケのない商売は考えられないという時代が長く続いた。宇野社長はそんなカラオケの歴史を長く見続けてきた。

だが現在、隆盛を誇ったスナックは全国で盛業中なのは15万店と半減し、この減少傾向は今後も続くと予測されている。スナックは時代の遊好趣向の変化に合わなくなったのだ。

こうした状況の中、バブルが弾けたことに続き、2007年の飲酒運転の厳罰化によって宇野社長の店も売上が激減。「戦後の経済復興に貢献した役目は終えた」と、スナックの経営を2010年に打ち切った。

「ただ、カラオケをメインに楽しめる店を経営していた私は、カラオケの不思議な魅力は捨て難いと考えていました。カラオケを楽しんでいるお客様は元気で若々しいと感じていましたし、当時からカラオケはボケ防止に良く、健康維持にも効果があると言われていました。そこで、カラオケを高齢者の健康維持のツールとして活用すれば、近所の年配の方に受け入れられ、カラオケを使った店が続けられるのではと考えました」

こうして、2012年にうたプロモーションを立ち上げ、翌2013年、横浜の日吉に「カラオケハウス銀の夢」第1号店がオープンした。宇野社長がかねがね考えていたアイデアを形にした店だった。「銀の夢」という店名は、シルバー世代の「できるだけ長く元気でいたい」という共通の願いや夢を叶えたいという思いから付けたという。

カラオケハウス 銀の夢 FC

【上】ロゴ【中・下】シニア層で連日大入り満員の「日吉本町店」。
店内禁煙、お酒メインではないことから女性客も多い

カラオケはこれまで主に酒席の余興として広まり、お酒なしで楽しむ娯楽としてはほとんど認知されていなかった。

「カラオケを楽しむ場というと、従来はカラオケボックスあるいはスナックでした。カラオケボックスは仲間同士が個室に入って内輪で楽しむ場所です。一方、スナックはお酒と女性従業員の接客サービスがメインで、カラオケはサブ的な存在です。しかも、いずれも〝健康〟とは真逆のイメージです。しかし私は、一人でも気軽に行けて、お酒がなくても純粋に歌うことを楽しめる場を作りたいと考えました。そして、シルバー世代の方々が歌うことを目的に集まれる空間になればという願いからカラオケハウスと銘打ったのです」

宇野社長の目論見は見事に当たり、第1号店は予想を超える反響でオープン当初から盛況に推移した。

「連日、近所の高齢客が大勢来店し、楽しそうに歌っては笑顔で帰っていくその姿に、私の考えが間違っていなかったと安堵しました」

☑低価格・明朗会計の「カラオケハウス銀の夢」

宇野社長が全国規模で広げていこうとしている健康志向の「カラオケハウス銀の夢」の特徴は、①店内禁煙、②低価格・明朗会計であること、③年中無休（営業時間12～23時）、④

ステージを設置、⑤カラオケ装置がある、⑥清潔で明るい店内、⑦行き届いたスタッフの接客サービス、⑧カラオケハウスの名称を用いる、という八つである。

とくに、費用が安価だという点は重要だ。「銀の夢」の価格はオールタイム1000円で歌い放題、お茶も飲み放題である。顧客の年齢は平均65歳前後。とくに、リタイアして年金暮らしの高齢者はお金の心配が増えるので、この低価格はとてもありがたい。

もう一つの大きな特徴は、お酒を前面に出した営業はしていないということだ。これはスナックのイメージを払拭するために必須だった。実際、「お酒を飲まないからこの店がいい」と言う顧客も多い。一方で、やはり「少しはお酒も飲みたい」と言う人もいる。そこで、お酒は出すもののボトル棚を設置せず、ボトルはあえて客から見えないところで保管している。

店の広さは15～20坪、客席にして20～30人が入れるような1部屋であることが基本的な形態である。14～15人程度であれば、歌う順番が程よく回ってくるからだ。

立地にも特徴がある。駅前などの繁華街ではなく、住宅地に展開しているのだ。高齢社会に対応する営業形態なので、近隣客に来てもらえるよう住宅地に近いところに出店する。

☑カラオケハウスで歌うことの効用

「以前から欧米や東南アジアなど海外では、日本から輸入したKARAOKEに健康増進効果のあることが注目されていました。しかし、本家の日本では全くそうは思われていませんでした。スナックや酒といった健康とは対極のイメージが定着していたからです。日本でも20年ほど前からようやく、カラオケは高齢者の認知症予防に良いと言われるようになりました。しかし、私はさらに一歩進んで、健康増進のためにカラオケを活用したいと考えています」

では、カラオケはなぜ健康に良いのだろうか？

まず、カラオケを歌いに出かけるという社会参加の行為そのものが気持ちの張りになる。２０１７年に地方独立行政法人「東京都健康長寿医療センター」から、健康長寿新ガイドラインが発表された。そこには健康寿命を延ばすための12カ条に沿って、毎日の暮らしの目安が示されている。その中で最も重要な項目とされているのが、①食生活、②体力・身体活動、③社会参加の三つだ。

宇野社長がとくに注目するのが、新しく加わった「社会参加」のテーマである。

「外出・交流・活動を通して町と人とがつながることを目指していますが、この社会参加の推進力になるのがまさにカラオケだと考えています」

しかも、カラオケボックスのように仲間うちで出かけるのとは違い、カラオケハウスはその日初めて会った人など不特定多数の人が集う中で自分の歌を披露する。その程よい緊張感も脳に刺激を与える。

そして、歌うことは健康な呼吸につながる。気持ちよく歌えば自然と深い呼吸が導かれ、有酸素運動をしているのと同じ効果が得られる。

歌うときは曲の内容をイメージしながら歌詞を追い、メロディに乗せて感情を表現するため、右脳と左脳をバランスよく刺激し、心と体を調律する効果もある。

さらに、カラオケハウスでは他の人が歌っている自分の知らない曲に触れる機会も多くな

「永福町店」（東京・杉並）の外観、店内、レイアウト。閑静な住宅街のマンションの１階にある。店舗面積は約 13.1 坪

り、「次までにこの曲を覚えて披露しよう」という意欲が働いて大きな刺激になる。すると、「曲を覚える」という行動につながり、その学習習慣が脳に良い影響を与える。これによって、認知症の予防やリハビリテーションに効果のあることが注目されている。

カラオケハウスにステージがあることも重要なポイントだ。多くの人の注目を集めて歌うことで良い緊張感が生まれ、「人に見られる」という普段の暮らしにはない新鮮な刺激を得られる。

たとえば、脳梗塞の手術後のリハビリとして医師からカラオケを勧められて、週に4～5回通うようになった顧客がおり、通常の2倍以上のスピードで身体機能が回復したという。また、歩くのが不自由だったり、ろれつの回らなかったような人が、カラオケハウスに1日おきくらいに通って、普通に会話ができるようになり、元気になったという例も珍しくない。

もちろん、無理に歌う必要はない。他の人の歌を聴いたり、おしゃべりをするだけでも十分楽しく、精神的な若返りにつながる。

宇野社長はカラオケが健康維持のための最善のツールであることを日々実感している。

「カラオケを日常的に楽しんでいる方は、若々しく元気な人が圧倒的に多いのです。実際、店に通ってくださっているお客様の年齢を当てることはほとんど不可能です。実年齢よりはるかに若く見えるからです。カラオケをしている人と、していない人では、健康の度合いに大きな差があるのです」

２０１４年、カラオケの歴史の中でも画期的な出来事があった。国連において、カラオケ大手・第一興商の社長がカラオケの潜在能力を発表したのである。発表されたカラオケの効用は、脳内ホルモンの分泌で脳全体が活性化される、お腹から声を出すことで心臓の働きが活発化して血液循環が良くなる、唾液の量が増えて口腔環境の改善につながる、などである。

また、第一興商が産学協同で研究を進めてきた結果によると、カラオケを歌ったあとには、唾液に含まれるコルチゾールというストレスホルモンの量が減少することもわかっている。

☑全国に2250店のFCチェーンを目指す

カラオケの健康効果を実感するにつれ、宇野社長には、シニア世代の健康寿命を延ばす一助となる「カラオケハウス銀の夢」のような業態の店を全国に広げたいという思いが募っていった。そして２０１３年、それまで培っていたノウハウを提供するためのフランチャイズ本部を立ち上げた。

現在、加盟店は8店舗になった。

「数年後にはこの営業形態の店が全国的に広まり、高齢者だけでなく主婦層も取り込んで、数万店の市場に成長するものと確信しています。目標は東京オリンピックが開催される

2020年までに全国に2250店舗まで拡大することです。無謀な計画だと思われるかもしれませんが、私は手応えを感じています。健康寿命を延ばすことのできるカラオケは、超高齢社会の日本には潜在的なニーズとして存在しているはずだからです。カラオケブームは去ったと言われていますが、むしろ時代はいま、カラオケの新しい可能性を必要としているのではないでしょうか」

厚生労働省が健康増進のために推奨しているのは、禁煙、適度な運動、バランスの良い食事、定期的な医師による検診の四つだ。これらは大切だが、どれも継続が難しい。しかし、継続しなければ健康は保てない。

「その点、カラオケはもともとが娯楽ですから、楽しく続けられるのが最大の利点です」と宇野社長は強調する。

また、宇野社長は「カラオケハウス銀の夢」をシャッター商店街の起爆剤にしたいとも考えている。

「いま全国の至るところにシャッター商店街がありますが、そんな商店街に共通しているのは近隣住民にシニア世代が多いということです。商店街が盛り上がった時代にその近所に住み始めた方に現在のシニア層が多いのです。カラオケハウスはスナック跡などあらゆる部屋の空きスペースを低コストで活用できる上、アクセスもしやすいので、町おこしの起爆剤になるのではないかと期待しています」

宇野社長は、カラオケハウスを新たなビジネスチャンスとしてとらえてくれる人をＦＣオーナーとして募集している。

「カラオケハウス銀の夢」ＦＣへの加盟・開業に必要な費用は次のとおり。

まず、加盟契約時に必要な費用は、加盟金10万円、保証金10万円、ロイヤルティ1万5000円（月額）。

「元住吉店」（神奈川・川崎）の外観、店内、レイアウト。店舗面積は約 12.9 坪。「銀の夢」のすべての店舗にミニステージがある

一般的に飲食業のＦＣ加盟金は50万～１００万円、保証金は１００万～２００万円である。これに比べてきわめて安いことがわかる。

さらに、開業に必要な費用として、店舗がある場合は１００万～４００万円程度、店舗がない場合は４００万～１０００万円程度がかかる。

参考までに第1号店である日吉本町店の月額収支モデルを示す。

売上（直営店舗売上高）１２０万円、原価（平均原価率）16％、粗利益（売上総利益）１００万８０００円、経費（販売費および一般管理費）61万５０００円（給与手当25万円、地代家賃20万円、その他の経費15万円、ロイヤルティ1万５０００円）、利益（営業利益）39万３０００円、営業利益率33％。

「加盟店オーナーとしては、会社を定年し時間がある程度フリーになった方々で、第二の人生を模索中のシニア世代が最適だと考えています。小規模店舗の経営なので多くの収益は見込めませんが、社会貢献度が高く、景気の変動にあまり影響を受けない安定した経営が将来にわたって続けられる業態の店だと自信を持ってお勧めします。オーナー自身もカラオケと地域との交流を通して健康維持ができます。ＦＣロイヤルティなどもぎりぎりまで下げました。リタイアしたシニアの方々が手軽に加盟・運営できるような土台を整え、高齢者同士で支え合えるような仕組みを構築していきたいと思います」

☑「国民総カラオケ社会」の実現に向けて

2018年に政府は東京商工会議所を通じ、健康寿命延伸支援ビジネス普及啓発事業を発表し、約10兆円の市場規模を創出することを目指している。しかし、具体的なビジネスモデルは示されていない。

宇野社長はカラオケハウス事業をその主役にしたいと考えている。そして、カラオケをこれまでのように単なる娯楽ではなく、日常的な健康のツールとして定着させることを目指す。その布石として、宇野社長は一般社団法人「日本カラオケ健康寿命延伸協会」を設立した。その目的は、健康寿命延伸につながるノウハウとして全国にカラオケハウスを普及すること、そして国家的要請である健康寿命延伸の必要性を啓蒙していくことなどである。

「カラオケを中国の太極拳のような位置づけにまで高めていければと考えています。目指すは国民総カラオケ社会です。私は、マイナスイメージのつきまとう高齢社会を、プラスイメージの長寿社会にしたいのです」

宇野社長が掲げた2250店舗のFCを展開するという事業目標には実は根拠がある。高齢者人口から割り出すと、高齢者が日常的に通えるカラオケ店は全国に30万店は必要と考えられ、2250店舗はそのモデル店となる数字なのだという。

うたプロモーション株式会社

設　　立：2012 年 5 月
事業内容：「カラオケハウス銀の夢」の FC 事業展開、プロ歌手への支援・協力、
ミニライブ・カラオケレッスンなどの企画立案

本　　社：〒 224-0003　神奈川県横浜市都筑区中川中央 1-23-3
ペンシルガーデン 3F
電話 045-914-8866

沿　　革：2013 年、FC 事業スタート
日吉本町店（直営店）オープン（神奈川県横浜市）
2014 年、南加瀬店（FC 店）オープン（神奈川県川崎市）
2015 年、鶴見末吉橋店（直営店）オープン（神奈川県横浜市）
港北大曽根店（FC 店）オープン（神奈川県横浜市）
2016 年、富山桜木町店（FC 店）オープン（富山県富山市）
永福町店（FC 店）オープン（東京都杉並区）
2017 年、元住吉店（直営店）オープン（神奈川県川崎市）
藤が丘店（FC 店）オープン（神奈川県横浜市）

http://utaprodream.info/

☑住宅リフォームとITの両業界でキャリアを積む

2016年4月、ネット集客ビジネスシステムをフランチャイズ展開するユニークな企業・JACOFが生まれた。

FC展開は住宅リフォーム領域の中の屋根工事と外壁塗装分野に特化し、他社の追随を許さないレベルの高いインターネット集客技術・ノウハウを用いたウェブサイトを加盟店に提供している。

ネット集客ビジネスシステムをフランチャイズ展開する企業は、住宅リフォーム領域では現在のところJACOFが唯一である。

なぜ、同社がこうした先駆的な事業を手がけるに至ったか？　それは創業者である大久保誠二代表取締役社長のキャリアを知れば容易に納得できるだろう。

大久保社長は長崎県の出身。実家は商売を営んでいたが、生活は楽ではなかった。3人きょうだいで男は大久保社長ひとり。「早く一人前になって自分が家族を支えなければ」という意識が強かった。

高校は、国立大への進学率が9割にも及ぶという地元の進学校に進み、横浜国立大学へ進学した。

大学在学中に結婚。家族を支えるために様々な仕事を転々とした。そして、飛び込んだのが不動産業界であり、フルコミッション（完全歩合制）で働くことになった。短期間の修業を経て、大久保社長は26歳のときに独立する。

大久保誠二（おおくぼ・せいじ）社長

1969年7月、長崎県諫早市生まれ。横浜国立大学経営学部卒。不動産会社社長、IT会社役員を経て、2009年4月、株式会社シェアテック代表取締役社長に就任。リフォーム業界で自然検索に特化したインターネット集客法を確立し、2016年4月株式会社JACOFを立ち上げて代表取締役社長に就任。現在、沖縄を除く46都道府県で「街の屋根やさん」「街の外壁塗装やさん」をFC展開、加盟店数100。今後8年で、カテゴリーを10に増やし加盟1000店が目標。趣味はベンチプレス、特技は水泳。

それから5年ほど不動産会社の社長を務めたが、新築住宅の着工戸数は徐々に減少していく。業界の先行きに不安を感じた大久保社長は、いったん畑違いのＩＴ業界に身を振る。

就職したのは音声認識ミドルウェアを手がける会社。音声認識ミドルウェアとは、人間の声（音声）をコンピュータに波形として認識させる入力方法で、次世代のヒューマン・インターフェースとして期待されている技術だ。その研究開発や営業の仕事を8年ほど続けたが、運悪く会社が倒産の憂き目に遭う。

当時、大久保社長は役員を務めており、再就職できなかったメンバーを受け入れる形で新たに会社を立ち上げた。それがシェアテック（千葉県袖ケ浦市）という会社である。新築住宅は難しいとの判断から、住宅リフォーム事業を展開することとなった。

☑最も遅れていた外装関連のリフォームに特化

住宅リフォーム事業を展開するにあたっては、それまでの経験からカテゴリー特化が必要だということに気づいていた。そこで、シェアテックでは屋根工事と外壁塗装に特化して地域ナンバーワンの企業を目指す。

屋根と外壁に特化した理由について大久保社長は次のように語る。

「外装関連は最も遅れている領域だったからです。当時、外装関係の顧客の掘り起こしの9割は飛び込み営業でした。飛び込み営業はどうしても強引な売り込みに走りがちです。こうした状況を改善し、営業から施工まで一つの会社が行うことで適正な価格でのリフォームが可能になると考えました」

JACOF 東京支社

しかし、困ったのはやはり集客だ。チラシのポスティングや飛び込み営業を行ったり、ショッピングモール内にリフォーム相談ブースを設けたりもした。ウェブサイト制作会社に依頼してホームページも作った。それでも一向に集客できなかった。

「いま考えれば、その理由がよくわかります」と大久保社長は言う。ホームページ制作会社はウェブサイトを作るプロではあるが、住宅リフォームのことは知らない。そこで、「お客様の問題を解決するにはその道のプロがホームページを作るべきだ」と考えた。

大久保社長はCMS（サイトのコンテンツを一元管理するアプリケーション）を導入し、自社でゼロからホームページを作ることにした。2009年6月のことだ。

ところが、ホームページをこまめに更新してもユーザーからの問い合わせは相変わらずゼロだった。

そして、ちょうど1年後の6月のある日、1本の電話が鳴った。雨漏りについての相談だった。これを皮切りに問い合わせが増え、その数は1カ月で10件に上った。この間、広告は一切打っていない。すべてホームページの自然検索による集客だった。1カ月に10件の問い合わせは広告宣伝費に換算すると約25万円になる。

大久保社長はすべての顧客のもとを訪れ、どんなキーワードで検索して自社ホームページに辿り着いたのか、ホームページの中のどのコンテンツを見たかなどを尋ねて回った。そして、「ある法則」に気づいたのだった。

以降、社員全員でホームページの更新に本格的に取り組み始めた。その結果、翌年の問い合わせは400件、翌々年は1020件に増えた。その後も増え続け、2017年は3150件だった。

この仕組みを集客に困っているリフォーム会社に提供したい。そう考えた大久保社長は、シェアテックの仕組みを基盤にネット集客システムをFC展開するJACOFを立ち上げた。

☑ロングテールSEOにより自社サイトを上位表示

フランチャイズは屋根工事と外壁塗装に特化し、「街の屋根やさん」「街の外壁塗装やさん」の2ブランドを均一サービス、均一プライスで展開する。FCはエリア定員制であり、競合を避けるため加盟エリアに制限を設けている。創業2年目で加盟店は全国（沖縄を除く）で100社に達した。

加盟店は地域ナンバーワンのウェブサイトを手に入れられることになる。このホームページを活用することで、長期安定的な新規顧客獲得が実現される。

同社のネット集客システムの核心は反響率の高いホームページ制作にある。集客成功のポイントは徹底したSEO（検索エンジン最適化）対策だ。FC加盟店のホームページは検索結果の上位に表示される。そのノウハウの基本は「ロングテール」と呼ばれるＳＥＯ戦略である。ロングテールＳＥＯとは、ユーザーが無作為に検索するそのユーザー独自のニッチでユニークな複数のキーワードから成り立つ複合キーワード群のことで、数カ月に数件程度しかアクセスがないエリアのキーワードを意図的に攻略する手法である。

特定の人気キーワード（ビッグキーワード）だけでなく、関連する様々なスモールキーワードで自社サイトをヒットさせ、より購買に近い検索を行うユーザーを獲得できるようにするためのＳＥＯである。

外壁塗装を検討している人は、まずは「外壁塗装」という単一のビッグキーワードで検索する。しかし、それだけでは自分に適した検索結果が出てくるとは限らない。そこで次に、「外壁塗装＋千葉」などと地域名をプラスして検索する。これをミドルキーワードと言う。

重要なのは、その先にあるスモールキーワードである。「外壁塗装＋千葉＋窯業系サイディング……」など検索キーワードがロングテール（長い尻尾）のように多くなって、ピンポイントで絞り込まれていく。

大久保社長は次のように説明する。

「いまやビッグキーワードで検索してサイトに訪問するユーザーはわずかで、その検索は年々ニッチになってきており、多くはスモールキーワードで検索します。スモールキーワードは顕在化された言葉ではなく、簡単に予測することができません。年間に5万アクセスあったとすると、キーワードは4万５０００くらいに分散されます。ですから、どんなキーワードに対しても反応できるコンテンツを用意しておく必要がある。弊社の社員は毎日、現場ブログを書いて大量のページを作っています。それによりストックされた多くのキーワードがヒットして検索エンジンの上位に表示されるのです」

ロングテールキーワードは同社のホームページの全体検索の約95％を占めているという。マニアックなキーワードでも検索に引っかかるホームページを作成すれば、よけいなＳＥＯ対策コストは削減できる。

「検索エンジンで上位表示されるためにはコンテンツ数を増やすべき」というのが大久保社長の基本的な発想だが、同じ考え方を共有していたのが、たまたま出会ったウェブサイト制作会社マックスライン（大阪府吹田市）の杉本仁史代表取締役社長だった。マックスラインもシェアテック同様、ＪＡＣＯＦに出資しており、現在、杉本氏はＪＡＣＯＦの副社長を務めている。

☑ウェブのページ数と集客数は比例して増える

インターネットを活用したユーザーは各サイトの比較検討をコンテンツによって行う。たとえば、屋根工事会社を検索するユーザーは「雨漏りがしている」「強風で屋根が飛ばされそう」などの不安や悩みを抱えている。この問題を解決するためにネットで情報を検索する。そして、検索結果から不安が解消される期待感が得られれば、「この会社に頼もう」という気持ちになる。

多くのユーザーに期待感や安心感を与えることのできるホームページを作るには、現場・顧客を十分に理解した人間の手で執筆された魅力的なコンテンツが必要になる。多くのコンテンツが顧客の声から作られているのも同社のホームページの特徴だ。

ネット集客の領域ではコンバージョン率（ＣＶＲ：反響率）という指標がよく語られる。これはアクセス数に対して期待する成果がどれだけ得られたかを示す。建設業では一般に１００件のアクセスに対して何件の問い合わせがあったかをコンバージョンとするが、リフォームサイトでは通常、ＣＶＲは０・３％（外壁塗装においては０・１％）あれば良いとされる。

それに対して、「街の屋根やさん」のＣＶＲは約１・９％、「街の外壁塗装やさん」では約１・０％という驚異的な数字を達成している。その理由はまさに圧倒的なコンテンツ力にある。

ＪＡＣＯＦの提供するホームページは日々更新されていく。したがって、ページコンテンツ数はどんどん膨大になっていく。現在、１４０以上のメインコンテンツがあり、毎月二つずつのペースで増え続けている。

同社の調査で、集客数はウェブページ数に比例してリアルタイムで増えていくことがわかっている。また、ある期の売上をその期の終わりのウェブのページ数で割ると5万4174円になっている。これは1ページの売上ということになる。これほど効率的で有効な広告宣伝はない。

ここで重要なのは、JACOFのホームページに頼り切りになるのではなく、加盟店が自ら施工事例やブログ、お客様の声などを掲載し、サイトをこまめに更新していくことである。集客を高めるには月間50記事以上のブログ更新が必要だという。サイト更新はインターネット初心者でも簡単にできるよう工夫されている。

加盟店の集客を高めるシステムは他にも用意されている。一つは、ポータルサイトである。すでに様々な外装関連のキーワードで上位表示されているポータルサイトにも店舗情報が掲載されることにより、自社サイトだけでなく、ポータルサイト経由でのアクセスも見込めるわけだ。また、ビッグキーワード以外の様々な地域キーワードを含むミドルキーワードに関してはシステムで独自にカテゴライズし個別のページを自動生成するなど、これまでになかったCMSを独自で開発している。

「現在、加盟店のある全地域では、屋根工事や外壁塗装に関連するキーワードで検索すると『街の屋根やさん』『街の外壁塗装やさん』のサイトが上位表示されるようになっています。

「街の屋根やさん」大阪吹田店のサイト（上）と「街の外装塗装やさん」多治見・可児店のサイト（下）。どちらも「現場ブログ」や「お客様の声」を日々更新

いずれ全国でそうなることを目論んでいます」（大久保社長）

☑ 加盟店の目標は1カ月100件の問い合わせ

本部では加盟を検討する会社に対して、加盟後の標準的な問い合わせ件数の目標や売上、利益などについて収益モデルを使って説明している。

それによると、創業3年での目標は1カ月に自然検索で100件集客することだ。これで年間の問い合わせは1200件となる。受注率は50％、平均単価は70万円前後であり、年間の売上が4億2000万円、利益が35％として粗利1億4700万円となる（直接施工を行わない加盟店の場合）。

加盟に際しての審査時の必要書類は、代表者略歴、登記簿謄本、3カ年決算書。年商が1億円以上あること、3期連続で赤字決算ではないことなどが条件となる。

本部の指定する瑕疵担保保険への加入も必要となる。施工力も重視しており、審査にあたっては施工に関する条件も細かく定めていく予定だという。

加盟店に対して大久保社長が期待するのは、「顧客優先」ということ。「お客様にも社員に対しても正直であり、自分の仕事に誇りを持っているオーナーを求めています」と言う。

加盟契約締結後は開業準備としてＪＡＣＯＦで3日間の研修が行われる。

研修の中心となるのは、ＦＣの理念共有や運営知識理解のためのオーナー研修と、サイト運営を実践的に学ぶ投稿研修である。投稿研修ではサイトのインデックスを増やすための効果的なブログや施工事例、お客様の声などの書き方を指導するほか、グーグルアナリティクスなどのサイト解析ツールの使い方なども学ぶことができ、必然的に加盟店はＩＴリテラシーの高い企業文化を持つことができるようになる。

加盟店の研修風景。研修の中心は、ＦＣの理念共有や運営知識理解のためのオーナー研修と、サイト運営を実践的に学ぶ投稿研修

重要なのは、オーナーが研修で学んだことを自社のスタッフに対しても教育し、サイト運営の方法を社内に浸透させることである。

開業資金は、初期費用として加盟金１００万円、研修費用30万円、ＰＰＣ（リスティング広告）設定費用15万円が必要。その後は、毎月の費用としてサイト利用料10万円、ロイヤルティ3万円、紹介手数料（オプション）１万円、開業時のＰＰＣ広告費用20万円がかかる。

☑ 加盟店1000社を目指す

JACOFのFC展開は好調そのものである。2019年2月には、創業3年目にして損益分岐点がプラスに転じた。

現在の社員数は16名。うち6名は2018年度の新規採用者だ。

本部スタッフとして期待する人材も、求める加盟店オーナー像と重なる。「常にお客様目線で仕事ができる人に来てほしい」と大久保社長。採用面接では次のような質問を投げかけるという。「月末に数字が足りなくて、どうしてもこのお客様をクロージングしてくれと言われた場合、あなたはどんな手を使ってでもクロージングする根性はありますか？」。

これにイエスと答えるような人は同社では求めていない。「会社の事情もあるけれど、自分はお客様の側に立って仕事がしたい」と答えるような人材を採用するのだという。

同社では、FC展開の当座の目標として「加盟店を全国1000社に増やすこと」を掲げている。また近々、新たなマーケットとして新カテゴリーにも進出する。

そして、大久保社長はさらに先を見据える。

「全国の施工業者をデータベース登録して一元化し、職人が好きな仕事を選べ、それぞれの職人に対してお客様がレビューを付けて評価するグルメサイトのような仕組みづくりに取り

第2回加盟店総会の様子と集合写真 (2018年11月)

組みたい」

この新しい試みは、2019年中にも着手する予定である。

趣味はベンチプレスだと言う大久保社長は150kg近くを上げるという。本人曰く、「瞬発力で勝負するスポーツが得意」。

それは仕事にも活かされ、思い定めたら即実行というスピード感を持った事業展開で業績は右肩上がりだ。成長路線をひた走る。

株式会社 JACOF（ジャコフ）

設　　立：2016 年 4 月
事業内容：ソフトウェア製品の企画・開発・販売・賃貸、システムの開発・保守・運用に関するサービスの提供、システムに関する教育・研修、フランチャイズ加盟店募集・加盟店の運営指導

本　　社：〒 222-0033　神奈川県横浜市港北区新横浜 3-2-6
新横浜ビジネスセンタービル 2F
東京支社（FC 本部）：〒 141-0031　東京都品川区西五反田 7-22-17
TOC ビル 10F　電話 03-3779-1505
関連会社：株式会社シェアテック、株式会社マックスライン

沿　　革：2016 年、「街の屋根やさん」FC1 号店開業
2017 年、「街の外壁塗装やさん」FC1 号店開業
「街の屋根やさん」「街の外壁塗装やさん」FC 加盟店数 50 を突破
2018 年、FC 加盟店数 100 を突破

http://jacof.co.jp/

新昭和FCパートナーズ

新昭和ＦＣパートナーズ

SHINSHOWA FC PARTNERS CORPORATION

［住宅関連分野ＦＣ事業］

「クレバリーホーム」を主力ブランドに 高品質・低価格の注文住宅をＦＣ展開

建設・不動産事業を営む新昭和グループ（本社・千葉県君津市）のフランチャイズ部門を担う新昭和ＦＣパートナーズ。注文住宅ブランド「クレバリーホーム」を中心にＦＣ展開。営業拠点は全都道府県を制覇し、現在200店舗を目指して邁進中だ。

新昭和グループ本社

☑ 住宅FCとして全国ナンバーワンを目指す

新昭和グループ（松田芳彦CEO・代表取締役会長）は1970年の創業以来、「すべてはお客様のために」をテーマに、戸建住宅・分譲マンション・リフォームなどの住まいづくりから、不動産・大規模建設などの街づくりまで多くの実績を重ねてきた。1975年にいち早くツーバイフォー工法を採用した住宅会社としても知られる。

2016年11月、株式会社新昭和はグループホールディングス体制に組織再編を行い、より幅広い事業領域に乗り出すこととなった。これに伴い、フランチャイズ部門を担っていたクレバリーホームFC事業部は「株式会社新昭和FCパートナーズ」（社員数66名）に事業承継。クレバリーホームFC事業部長を務めていた井家上進

井家上 進（いけがみ・すすむ）社長

1951年、岡山県生まれ。千葉工業大学卒業。1992年、株式会社住建産業（現・株式会社ウッドワン）千葉営業所長、1994年、株式会社ミスタービルド千葉・取締役、1997年、株式会社新昭和クレバリーホームFC事業部部長を務め、翌1998年から同社の営業やノウハウを活かした「クレバリーホーム」FC事業展開をスタート。2016年3月、住宅FC業界初の47都道府県出店を成し遂げる。同年11月、組織改編により設立された株式会社新昭和FCパートナーズの代表取締役に就任。

氏が代表取締役に就任した。

「新体制に移行後もＦＣ事業の展開を行うという点では従来と大きく変わることはありませんが、企業として成長していくために、クレバリーホームに加えて新たな住宅ブランド『ＶＡＲＹ'Ｓ』を立ち上げるなど事業の幅をさらに広げていきます。現在、新昭和グループには11の企業がありますが、いずれはこのグループ企業を20社にまで増やし、１企業あたり最低でも１００億円の売り上げを達成することでグループ全体での年商２０００億円を目指しています」（井家上社長）

注文住宅ブランド「クレバリーホーム」の全国展開を開始したのは１９９８年のこと。松田ＣＥＯが「地域ナンバーワンを目指す道とは別に、高品質・低価格の住宅の安定供給を通して日本人の生活を豊かにしたい」と考え、住宅ＦＣとして全国展開を決断したのだった。同社のＦＣはすでに日本全国47都道府県で出店。空白地区はゼロとなり、全国制覇を達成した。全都道府県でＦＣ展開する住宅会社はきわめて珍しい。

現在、ＦＣに加盟する営業拠点は全国に89社、計１６４店舗を展開しており、２００店舗の体制構築を視野に置く。ＦＣ加盟企業を通じた住宅の受注実績は累計で３万棟を突破しており、住宅ＦＣとして全国ナンバーワンを目指している。

同社の２０１８年度のＦＣ関連の売上高は約１４５億円に達した。

☑外壁タイル貼り住宅を低価格で実現

クレバリーホームのコンセプトは「あなたの期待を超える家づくり」である。万一の災害から家族と財産を守り、経年変化を抑え、家族構成やライフスタイルの変化にも柔軟に対応できる〝賢い家づくり〟を叶えてほしいとの想いから、「ＣＬＥＶＥＲ＝賢い」の言葉を使ったブランド名を掲げている。

「弊社では自らが試行錯誤を繰り返した上で成功した事例を全国に発信することで、より実践的なシステムを提供できるようになりました」

そうしたトライ＆エラーの経験から導き出されたクレバリーホームの最大の売り物は「高品質・低価格の注文住宅」である。低価格住宅はすでに先発メーカーがいくつかあったが、同社は後発の強みで高品質・低価格をさらに徹底して推し進めた。それができたのは、千葉県で木造住宅ナンバーワンという新昭和の実績があり、松田ＣＥＯによる徹底的なコスト管理が行われていたからだった。

「クレバリーホームは住宅を売り出す際の売値をまず決めました。ＦＣ事業のスタート当初は坪単価26万５０００円からと設定しました。原価を積み上げていって利益を算出するのではなく、まず価格を決めて、そこから逆算して予算内で高品質の家づくりをするという考え方です」

クレバリーホームの商品ラインナップはいちばんの売れ筋であるＣＸシリーズ、Ｖシリーズ、ＲＸシリーズの３種類。そして、それぞれが７種類のコンセプトモデルに分かれる。

クレバリーホームのCXシリーズ。愛され、かつ住まいに最良の素材・タイルの家。先々の暮らしまでを考えた性能が住むほどにその価値を実感させる

クレバリーホームは、在来工法とツーバイフォー工法を進化させたオリジナルの「プレミアム・ハイブリッド構法」をベースに、高い耐震性を実現している。

さらに、ＣＸシリーズをはじめとする家づくりの最大の特徴は、外壁を総タイル貼りにした住宅を低価格で実現していることである。

「外壁タイルの住宅は高額だというのが一般的な認識であり、

費用面の不安を持つお客様も少なくありません。しかし、クレバリーホームでは長年の研究開発とコストダウンにより、オリジナルの外壁タイルをサイディング（板状の外壁素材）など一般的な外壁材に近い価格で提供することが可能になっています」

クレバリーホームのオリジナル外壁タイルは、デザイン性はもちろん、耐久性やメンテナンス性に優れている点でも理想的な外壁材だと言える。

サイディングなど一般的な外壁材の場合、約10年ごとに塗り替えが必要となる。

だが、クレバリーホームの外壁タイルであれば、塗り替えは必要ない。土や石などを焼き固めた自然の外壁材なので、天候による変色や経年劣化がほとん

クレバリーホームのVシリーズ。より美しく、より暮らしやすく、そしてより安全に。一つひとつの造形にこだわり、端正かつ優美な佇まいを叶えた

どないからだ。

外壁タイルは定期的な点検と必要に応じた部分補修で済むため、一般的な外壁材に比べるとメンテナンスコストは半分以下であり、50年間のコストの差は約４２５万円にもなる。

また、耐震実験において、阪神・淡路大震災の２倍を超える揺れを加振しても外壁タイルの剥離・損傷は一切見られなかった。

万が一、外壁タイルが破損した場合は、破損タイルのみを交換すればよい。新築時に使わなかった外壁タイルの余剰分はストックしてあったり、顧客に引き渡されたりするので、破損部分のみを交換すれば新築時と同じ色合いの外壁が再現できるのである。

いま、外壁タイル貼り住宅を標準仕様とするクレバリーホームに追随してくる住宅メーカーはほとんどなく、外壁タイルはすべてオプションになっている。標準仕様とするにはコストダウンが難しいからだ。

☑加盟のメリットは「商品開発」「コストダウン」「広告宣伝」

ＦＣに加盟するメリットは、「商品開発、コストダウン、広告宣伝などのサポートを本部が一括して行うことにあります」と井家上社長は強調する。

まず、同社が開発した多彩な商品ラインナップにより、顧客に対して地域やライフスタイルに合わせた住宅を提供できる点は加盟店の受注を後押しする。たとえば、「エネリート」という新しいコンセプト商品は、UA値＝0・28W／㎡・Kという北海道の基準をも上回る最高レベルの断熱性能を備えた省エネ住宅だ。こうした高性能住宅を開発できるのは大手住宅メーカーとしての強みである。

また、クレバリーホームは年間2000棟の引渡し実績を誇り、全国展開のスケールメリットを活かした資材の一括購入でコストダウンを図っており、これが加盟店の収益アップに直結している。プレカット構造材をはじめ、外壁オリジナルタイル、内装建材、住宅設備など工事材料の90％以上の資材供給を本部が行う。

広告宣伝の一環として年に3回ほど期間限定で開催する全国統一キャンペーンも、加盟店の収益確保にひと役買っている。

たとえば、2019年1月の「お年玉フェア」では、成約特典として100万円相当のポイントをプレゼントし、55アイテムから好きなオプションを選んで住まいをグレードアップできる豪華パッケージを用意した。

キャンペーンは各店5棟限定だが、期間中はテレビCMも集中して流すなどキャンペーンによる広告宣伝はきわめて効果的で、加盟店の受注が増えるというメリットがある。

さらに、他の住宅FCには真似のできない受注促進のための広告宣伝戦略の一つが、君津市内にある体験型テーマパーク「新昭和ハウジングスクエア」である。ここはモデルハウスが一堂に揃う「ハウジングパーク」と、クレバリーホームの住宅性能などを体感できる「住宅館ＬＡＢＯ」から構成されており、敷地面積３０００坪以上という壮大なスケールの施設とサービスで、加盟店を全面的にバックアップしている。

ハウジングパークにはコンセプトの異なる全10棟のモデルハウスが揃っており、モデルハウスを１泊２日で体験できるプログラムもある。この体験宿泊ではキッチンや浴室なども実

【上】個性豊かなモデルハウスが建ち並ぶハウジングパーク【中】隣接する住宅館 LABO。住まいと暮らしを五感で味わい、選べる体験型テーマパークだ【下】見学の途中でひと休みできるミライエテラスカフェ

際に使え、クレバリーホームでの暮らしを肌で感じることができる。

住宅館LABOは、理想の住まいをカタチにする数々の体験やシミュレーションを提供する。実物大の構造躯体を再現する「コンセプト&テクニカルゾーン」、外壁タイルを展示する「外壁タイル&エクステリアゾーン」をはじめ、様々な住宅性能やインテリアを比較体験できるコーナーが用意されている。

クレバリーホームハウジングスクエアには家づくりを考えている顧客はもちろん、FC加盟を検討している全国の企業からも多くの人が見学に訪れる。クレバリーホームの住宅を体感できるため、加盟への意欲がさらに高まるケースが多いという。

同社ではハウジングスクエアへのバス見学顧客ツアーなども開催している。来場したお客様がもし契約に至らなかった場合は旅費交通費を本部が負担する。だが、ツアー参加者の90%以上が成約に至るという。

☑ 加盟条件と損益シミュレーション

クレバリーホームは在来木造工法による家づくりを基本としている。したがって、FC加盟の要件として、「事業形態は原則として現会社を全面移行、もしくは在来木造住宅専業の組織(事業部)を作ること(新会社設立も可)」と定めている。もちろん、「建設業の許可を受けている会社（あるいは、3カ月以内に建設業許可申請可能な会社）」であることは前提だ。そして、「住宅事業に真面目に取り組んでいただけること」を重視している。

さらに、ＦＣ加盟後の条件は以下のとおりである。

・モデルハウスおよび事務所の建設（ただし、諸条件により相談に応じる）
・本部供給資材購入への同意
・独自広告の禁止（ＦＣ本部承認が必要）
・本部開発コンピュータシステムの導入
・店長、営業、技術、事務管理の各研修受講義務
・その他、ＦＣ本部指導事項の遵守

クレバリーホームのＦＣはエリア制で、1エリアにつき加盟金が450万円（税別、以下同）で契約期間は3年間となっている。3年が過ぎた後は1年ごとの見直しでの契約更新となる。

ロイヤルティは、固定ロイヤルティが月額20万円、広告宣伝分担金月額20万円、システム使用料月額5万円、ＣＡＤソフトレンタル料月額2万8000円（2台目からは1台につき2万2000円）となっており、ここまでで合計47万8000円である。さらに、変動ロイヤルティが着工物件の延床面積に応じ1平方メートルあたり2000円を乗じた金額となっ

ている。

なお、このうち広告宣伝分担金には、テレビCMによる告知、千葉ロッテマリーンズオフィシャルスポンサー、住宅関係サイトへのホームページ登録、見込み客様向け情報誌『クレバリーライフ』発行、全国統一キャンペーン（前述）の実施が含まれる。

加盟企業には多エリア多店舗展開を促しており、加盟店同一企業が多店舗展開する場合は、加盟金が2エリア目より350万円に減額される。

また、固定ロイヤルティは2店舗目より半額（月額10万円）に減額される。ただし、単一エリア複数店舗はこの限りではない。さらに、受注実績に応じて変動ロイヤルティの一定割合を還元する。

次に、加盟店の損益シミュレーションを示す。

年間完工棟数18棟、売上高3億6000万円（1棟2000万円）、売上総利益（25％）9000万円、販売管理費（要員数6人、人件費2810万円、販促費468万円、その他経費940万円、ロイヤルティ等1060万8000円）、販売管理費計5278万8000円、営業利益3721万2000円、損益分岐売上高2億1115万2000円、損益分岐完工棟数10・6棟。

☑ミレニアル世代に向けた新住宅ブランド「VARY'S」

同社ではクレバリーホームに続き、新たな住宅ブランド「VARY'S（バリーズ）」を立ち上げ、2018年4月からFC加盟店募集を開始した。

VARY'Sは、時代の動向やターゲットの消費傾向を徹底的にリサーチして開発された、これからの時代の規格住宅である。

ターゲットは1982〜1996年の間に生まれたミレニアル世代。世界人口の3分の1を超えており、今後の住宅業界の圧倒的なターゲットになると予測されている世代だ。

この世代の特徴としては、「モノよりもコトや体験を重視」「SNSで情報収集」「堅実で慎重」「良いものを長く使う」「ライフスタイルや個性を尊重」といった傾向が見られる。特徴的なのは「生活の質へのこだわり」だ。

郊外型ライフスタイルを好むアウトドア志向でもある。

新住宅ブランド「VARY' S」（蓼科）。上質な素材を使い、自然を住まいに取り込む工夫がなされている

ただし、本格的なキャンプやＤＩＹなどを好むハードなアウトドア派ではなく、テラスのあるリゾートハウスで自然に囲まれながら優雅に暮らしたいと憧れる層だ。

ＶＡＲＹ'Ｓのコンセプトはラグジュアリーでナチュラルなアウトドアハウス。住宅というハードを販売するのではなく、より豊かなライフスタイルを提供することを目指す。

モデルハウス自体の広さは26坪ほどに抑え、広い庭にはアウトドアコンロや流し台が備え付けられている。ＬＤＫとひと続きにつながる５〜６坪のウッドデッキも特徴だ。

ＶＡＲＹ'ＳのＦＣ加盟企業は28社（２０１９年1月現在）。現在のところ、いずれもクレバリーホームと両方のオーナーを兼ねているケースがほとんどだ。クレバリーホームの加盟店に次の展開ができるようにするため、展開エリアも同じにしたという。

ＦＣ加盟の条件は、加盟金２５０万円（税別、以下同）、システム使用料月額４万円。毎月の固定ロイヤルティは０円である。ただし、１棟販売あたり10万円の変動ロイヤルティが

ラグジュアリーなアウトドアライフを実現する「VARY'S」

かかる。

ＶＡＲＹ'Ｓは、決められたプロセスに従って営業を進めていくだけで、誰でも確実に売上を伸ばせる仕組みを備えている。構造材など建材までユニット販売の完全規格住宅として効率化が図られ、商品価格は１３００万円前後。工事、設計、営業など担当スタッフの負担が少ないので、住宅営業未経験者でも販売可能だ。

ＶＡＲＹ'ＳのＦＣ展開は、１００店舗、１０００棟を目指している。

同社が展開するＦＣのオーナーは、全国各地の有力工務店のほか異業種の企業も少なくない。ＦＣ本部が求めるオーナー像は同社の住宅に対する考え方を理解し、懸命に事業に取り組んでくれる個人・企業だ。

「住宅メーカーや地元のビルダーから独立して起業するオーナーが多いのも弊社のＦＣの特徴の一つです。住宅販売の事業を行うにはモデルハウスが必要ですが、最もお金がかかるのがモデルハウスの建築です。しかし、独立起業する方は資金が十分ではなく、また信用もまだ得られていないので銀行からの借入・融資も容易ではありません。弊社ではＦＣ本部としてそうした方へのサポートにも力を入れていきたいと考えています」

今後、同社では新たなコンセプトの住宅ＦＣに加え、飲食業のＦＣ展開も進めるなど事業領域を拡大していく。さらに、本部社員の独立開業も支援していく予定だという。

株式会社新昭和 FC パートナーズ

設　　立：2016 年 11 月
事業内容：木造軸組工法（ハイブリッド工法）・2 × 4・2 × 6 工法による住宅の
　　　　　企画・設計・施工・販売、フランチャイズ本部運営

本　　社：〒 299-1144　千葉県君津市東坂田 4-3-3　4F
　　　　　電話 0439-50-3371（代）
注文住宅営業所：仙台泉、石巻、沖縄、鹿児島
新築一戸建て営業所：東北分譲課

沿　　革：1998 年、株式会社新昭和のクレバリーホームが FC 全国展開開始
　　　　　2008年、9 月 8 日を「クレバリーホームの日」とし、日本記念日協会に記念日登録
　　　　　2015 年、「新昭和ハウジングスクエア」がリニューアルオープン
　　　　　2016 年、新昭和ホールディングス新体制へ組織改編。「株式会社新昭和 FC パートナーズ」設立。
　　　　　2018 年、新住宅ブランド「VARY'S」を発表

https://www.cleverlyhome.com/company/

NIHONAGENT

日本エイジェント

Nihon Agent,Inc.

［不動産経営代行・総合管理業］

入居者のあらゆる「お困りごと」を解決する レスQセンターネットワークをFC展開

愛媛県松山市を本拠地とする日本エイジェントは管理物件数や年間契約実績で中四国トップクラスを誇る不動産管理会社。住まいのトラブルに24時間対応する「レスQセンター」を展開し、賃貸物件入居者の満足度を高めて入居の長期化を狙う。

屋上に火の見櫓がある、FC 事業本部が入る本部ビル

☑ 管理戸数・契約件数は中四国トップクラス

不動産事業には、不動産開発型、不動産流通型、不動産投資ファンド型など様々な専門分野がある。その中で日本エイジェントが展開するビジネスは「不動産管理型」である。不動産オーナーの不動産所有期間の安定的かつ継続的収入、家賃収入などのインカムゲインを最大化する不動産経営代行を主な業務とする。

事業内容としては、不動産の賃貸・売買およびその仲介業、不動産に関する資産運用コンサルタント業など幅広く手がけるが、その中心となるのが賃貸不動産の総合管理業だ。

従業員数161名(2019年1月現在)、地域最大級の斡旋件数・取扱量を誇る中四国トップクラスの不動産管理会社として存在感を示す。

不動産経営代行実績（2019年1月現在）は、管理物件1万3227戸（1238棟）、一般受託登録物件8万6635戸（1万1018棟）、賃貸物件契約件数年間約4600件と地域で圧倒的なシェアを誇る。

同社の賃貸物件斡旋の〝入口〟にあたるのが店舗「お部屋さがし物語」である。愛媛県に6店舗を展開。物件の内外を動画で確認できる機能などを備えたIT物件検索システムを駆使し、全国に先駆けて百貨店や大手スーパーなどにも出店している。

同社はこれまで、業界に先んじて様々な取り組みに挑戦し続けてきた。その一つが商業施設のデッドスペースなどを有効利用した不動産会社の無人店舗「スタッフレスショップ」である。

ここでは、「スタッフレスGO」という宇宙船のようなデザインのタッチパネル式の検索機を使って誰でも簡単に物件探しをすることができる。円形のスペースに二人がけの椅子が設置され、ワイドモニターには部屋の写真と物件情報が同時に映し出される。VR機能により物件の各部屋を360度の角度から眺めることもできる。無人なのでスタッフに気兼ねする必要もなく、部屋探しの潜在顧客の集客が可能になった。

この事業形態は2014年にビジネス特許を取得し、経済産業省より「IT経営力優秀賞」を受賞した。

スタッフレスショップは2012年から全国展開を

乃万恭一（のま・きょういち）社長

1949年、愛媛県松山市生まれ。1971年、大阪の大学を卒業後、大阪のディベロッパーにサラリーマンとして約10年間勤務。1981年、郷里の松山市で株式会社日本エイジェントを創業、代表取締役社長に就任。従来の不動産会社とは一線を画し、物件オーナーとの利害共有を図る「不動産経営代行」をメイン業務とし、中四国地区最大級の斡旋件数・取扱量を誇る。現在は「地方区から全国区へ」の第二創業期と位置づけ、「レスQセンターネットワーク」「スタッフレスショップ」の全国展開に注力している。

スタートさせ、大型ショッピングモールや百貨店などへの導入事例は全国で139店舗に達している。

現在、同社は地方区から全国区への第二創業期に突入し、首都圏での営業を強化している。「部屋物語」という店舗名で3店舗を展開し、東京都を中心に1都3県の賃貸・売買を行っており、地方や外国から東京に来る人たちの部屋探しを支援している。

同社のポリシーは徹底した顧客志向にある。これを最も如実に反映しているのが、お困りごと対応専門部署「レスQセンター」だ。24時間対応で賃貸物件入居者の住まいのトラブルを解決することで入居者の満足度を高め、長期入居をサポートしている。

経済産業省「中小企業IT経営力大賞2014」で優秀賞を受賞

☑「不動産管理会社」として差別化を図る

同社の企業目標の一つは〈Ｂｉｇ「巨大」よりＧｏｏｄ「一流」を目指す〉というものである。この言葉は社員の持つ名刺にも刷り込まれている。

巨大企業とは規模を拡大することを最優先する。これに対して一流企業とは「お客様から選ばれる」ことを最優先する。同社は発足以来、Ｇｏｏｄの実現を目指してきた。

乃万恭一代表取締役社長は企業理念について次のように言う。

「弊社の商品は不動産ではありません。〝お客様感動満足〟という住まいサービスです。私たちは不動産というモノ（道具）を通して、人の幸せの前提条件である〝感動満足〟を提供することを事業目的にしています」

その象徴として、同社の組織図は逆ピラミッドになっている。お客様がいちばん上、続いて社員、役職、取締役、社長の順である。社員はお客様のために喜んで仕事をし、役職はその社員の手助けをし、取締役は役職をサポートする。こうした徹底した顧客志向の考え方は、乃万社長が様々な試行錯誤の末に辿り着いたものだった。

同社の創業は１９８１年。社員２名、５坪の店舗でのスタートだった。当初は不動産売買仲介を主な事業としていた。しかし、必ずしも優良物件は多くなく、エリア的にも限られており、ビジネスとして先行きが見えない状況が続いた。

まだ賃貸ビジネスという選択肢は乃万社長の頭の中にはなかった。売買仲介のほうが成功報酬の額がはるかに大きいからだ。だが、あるときふと考える。

「家電量販店では高価な大型冷蔵庫が売れますが、家庭から見れば冷蔵庫は5年か10年に一度買うものでしかありません。一方、冷蔵庫の中身である食料品は毎日購入する。そちらのマーケットのほうがはるかに大きいわけです。それが不動産業では賃貸マーケットなのではないかと思い至って方向転換したのです」

賃貸ビジネスの事業は少しずつ成長していった。だが、なにぶん収益性が低いので、数をこなさなければならなかった。そこで気づいたのが、数をこなせばこなすほど、それに比例して入居者からの生活トラブルの相談が増えるということだった。

「契約すればするほど雑用が増えることに辟易しました。しかし、角度を変えて見ると、これはビジネスになると思ったのです。当時、不動産管理という概念を導入している会社はまだごく一部でした。そこで、不動産オーナーに代わって不動産経営を代行することをメインの事業にしたのです」

現在では不動産管理会社は全国に何百社とある。「しかし、本当の管理を行っている会社はひと握り」と乃万社長。生活トラブルなどへの対応を行うことで差別化を図ろうと考えた。

こうして1998年、管理物件向けに、真夜中でも緊急出動可能な24時間管理システムを確立した。警備会社と提携し、夜間対応を当番制で対応した。

しかし、これはあくまでも不動産管理の中の一つの〝サービス〟にすぎなかった。当然、無料である。

「自己所有の分譲と違って、賃貸物件の入居者は毎月の家賃支払い義務を果たしているので、生活トラブルはオーナーあるいは管理会社に解決してほしいという権利意識を持っています。しかも、住まいにまつわる問題は次々と発生します。したがって、収益性を確保しなければ、やがて行き詰まることが目に見えていました。そもそも、入居者が部屋を借りる目的は安心で快適な生活を送ることです。その部分をブラッシュアップして、確固たるビジネスとして構築する必要があると考えたのです」

☑ 生活トラブルは〝クレーム〟ではなく〝お困りごと〟

2006年、本部ビル南に直営の第1号「レスQセンター」が開設された。18名の専門スタッフが同社の仲介物件入居者の生活トラブル全般に24時間365日体制で対応する（夜間は3名体制）。その業務範囲は、違法駐車、鍵の紛失、水漏れ事故、電気設備や給排水設備のトラブル、害虫駆除、異常騒音や不審者、近隣トラブルの対応までと幅広い。

利用にあたっては、入居者が直接費用負担を行って入会する「CLUBRESQ24」と、オーナーが物件の付加価値として24時間対応サービスを当該物件の入居者すべてに付けることができる「CLUBRESQ24 オーナープラン」（入居者負担ゼロ）の二つを提供している。

個人加入の場合、利用には年会費1万2000円（税別）が必要だが、1回ごとの出動費・作業費は基本的に無料だ（材料費が必要な場合は別途実費）。

ちなみに、２０１８年の困りごと総数は1万３４７４件（うち夜間３７００件）だった。レスQセンターの事業だけで売上高は年1億３０００万円に上る。

一般に、不動産管理会社にとって第一義的な事業目的は物件の契約をまとめることであり、入居者からのクレームはマイナスで非効率な業務なので、できれば避けたいと考えがちだ。だから、トラブル対応をアウトソーシングし、外部のコールセンターを経由する間接対応をとっている不動産会社も多い。

しかし、レスQセンターでは、入居者やオーナーからの電話受付から現場出動まですべてをセンターで一貫して即日対応するのが最大の特徴だ。不動産会社がこうしたトラブル対応のセンターを運営するのは全国的にもきわめて珍しい。

連絡が入れば必要に応じて直ちに現場出動する機動性が、入居者から支持されている大きな要因であり、他社の追随を許さない「お客様感動満足」を実現するサービスとなっている。「当社に〝クレーム〟という言葉は存在しません。お客様からの生活トラブルや要望についてのご連絡はすべて〝お困りごと〟として対応しています」

この発想の転換と万全の緊急対応サービスが入居者満足へと直結している。

また、トラブルの対応にあたる現場スタッフ（レスQ隊と呼んでいる）にとっても、〝クレーム対応〟という考え方ではモチベーションが上がらない。しかも、24時間３６５日対応だか

本部ビルのすぐ南にあるレスＱセンター外観とレスＱ隊出動の様子。
左下は心得が書かれた「レスＱ手帳」

ら、夜中に呼び出されることもある。

そこで、乃万社長はスタッフの意識改革を図っていった。レスQ隊は、クレームを処理するマイナーな部署ではなく、お客様のお困りごとの解決を通して「人助け」をするという、社内で一番のメジャーなチームと位置づけたのだ。

「入居者からの連絡はそれがたとえ怒りに満ちた言葉であっても、自分ではどうすることもできないというSOSであり、助けてほしいというメッセージです。そう受け止めて助けて差し上げるのがレスQ隊です。その基本姿勢を文書化しながら少しずつ社内に浸透させていきました」

レスQ隊は「レスQ手帳」というものを所持しており、その中には「レスQ隊心得」が明記されている。

【レスQ隊心得】

①レスQ隊の使命は、レスキューの名前が示すとおり、住まいに関する生活関連のお困りごと解決を通じて「人助け」をすることです。

②レスQ隊は、住まいに関する生活関連のお困りごと解決の「プロ集団」です。無理難題にも「何とかして差し上げよう！」と挑戦し続けます。それは、地域の人々にとって「必要」とされる重要な業務です。そして、それがレスQ隊の誇りです。

レスQ隊心得以外にも同社ではお困りごと心得というものもある。これらを完全に覚えるまではレスQ隊メンバーにはなれない。それほど意識付けを徹底しているのである。

レスQ隊はお困りごとを解決した後に、入居者に担当者の名前を記したアンケートハガキを置いて帰るのだが、後日、感謝の言葉がびっしり記されたそのハガキがレスQセンターに多数寄せられる。この感謝のハガキがレスQ隊の喜びを増幅させ、モチベーションにさらに火を点ける。

☑加盟店には全国から集まる対応マニュアルを提供

2018年には「レスQセンターネットワーク」のパートナー加盟店の募集をスタートさせた。第1号店は長崎県佐世保市の不動産会社である。

直営店を含めて現在全国に6店舗を展開する（愛媛、長崎、大阪、愛知、滋賀、佐賀の6府県）。加盟店はすべて不動産会社を対象とし、2021年までに価値観を共有できる70社の加盟を目標にしている。

FCに加盟すると、立ち上げから収益アップの営業支援までがサポートされる。まず、入居者・オーナーの会員化を行い、3年後を目処に管理物件の約6割を会員化する具体的な取り組みを通し、安定した会費収入が得られるよう営業支援を行う。

加盟店は、同社のレスQセンターが約20年間蓄積してきた約12万5000件の対応ノウハウのマニュアルが集まるプラットフォームを使用することができる。これにより、トラブル対応の標準化が図れるようになっている。このシステムには全国各社のマニュアルや対応履歴が登録されており、日々蓄積されていく。現場対応スタッフはこれを閲覧し参考にすることで業務の効率化が図れる。

また、集まったマニュアルの一部を入居者へ提供することで自己解決を促し、入電対応の効率化も行っている。

同社が提供する入居者向けアプリには、入居者からの相談をＡＩ（人工知能）搭載のチャットで受付、自動回答する機能が備わっている。これに

加盟店のレスＱ隊メンバーがネットで情報交換する「TEAM RESQ コミュニティ」の画面。右は出動先の入居者からの感謝のハガキの数々

より、入電数が最大38・4％に削減され、現場スタッフの業務は効率化される。

加盟店はシステムや備品面でも支援される。対応案件の進捗状況をパソコンで管理できる自社システム、さらに現場で使う工具セットや作業服、手帳、会員増加のためのパンフレットやトークマニュアルなどのツールが提供されるのだ。

加盟店にとっては、管理物件の入居者の満足度を高めて、解約率を下げる効果が期待できる。実際に同社でも、転勤などやむを得ない場合以外の「不満解約」の割合がレスQセンター導入前の40％から約13％にまで減少している。

加盟条件は加盟金１００万円、開業支援パック50万円、入居者アプリ利用３００円〈１ユーザーあたり〉。稼働後はロイヤルティとシステム利用料金として月額10万円を払う。

レスQセンターネットワークのミッションは、〈上から目線の「賃貸管理業」から、喜ばれる「賃貸支援業」へ〉というもの。不動産業界から〝クレーム〟という言葉をなくすことを目指している。

乃万社長がパートナー加盟店に求める考え方は、自社従業員に対するものと同じ。「〝クレーム〟ではなく〝お困りごと〟を解決する人助けの仕事だという意識改革を徹底する」ということだ。

加盟店向けのアプリには現場スタッフ向けの機能もあり、現場からマニュアルを参照する

FC展開を始めた2018年には初めての「TEAM RESQ AWARDS」を開催。全国からレスQ隊員が集まり、最も活躍した隊員を表彰したり、事例報告を通してスキルアップを図ったりと大いに盛り上がった

ことができ、本部へ問い合わせをするなどの現地作業もサポートされるので、新人でも即戦力になる。本部からの対応依頼もスマホで受付可能だ。

中でも、現場スタッフが積極的に活用しているのが「TEAM RESQコミュニティ」だ。これは同じ業務に就いている全国各地のスタッフオンリーのクローズドのネットコミュニティで、日々の悩みの問題解決など活発に情報が行き交う。最近では、全国各地のレスQ隊がお困りごと対応での工夫事例を紹介し、互いに称え合うといった空気も醸成されてきた。新人が初めて受け取った入居者からの感謝ハガキをアップして、喜びを分かち合うこともある。

また、レスQ隊メンバーにはお困りごとを

解決するとポイントが付与されるようになっており、加盟店向け「レスQセンターネットワーク」の管理システム上ではポイント数のランキングが表示される。それによる競争意識も現場スタッフの励みになっている。さらに、1カ月に一度、加盟店メンバーの中から「お困りごと大賞」を選んで表彰している。

同社の本部の建つ場所には、かつて地域の消防署があった。

いま、社屋の屋上には火の見櫓がある。この火の見櫓は消防署時代にはなかったもので、同社が移転してきてから新たに設置した。

ここには、「入居者の暮らしや不動産オーナーの資産を消防士と同じマインドで守っていく」という決意表明が体現されており、社員の心のランドマークとなっている。レスQ隊のメンバーが入電とともに動き始めるのも消防士の行動と同様だ。

そして、火の見櫓にある半鐘には「遊働一致」という文字が刻まれている。これは乃万社長の造語で、次のようなメッセージが込められているという。

〈自分の仕事を義務と考え、ただ頑張るだけの人は、幸せではない。

また、仕事以外に楽しみを見出し趣味に高じる人も、幸せとは言い得ない。

自分の仕事の中に楽しみを見出し、仕事を遊びにまで高める人こそ、真に幸せである。〉

株式会社日本エイジェント

設　立：1981年1月
事業内容：不動産オーナー様に代わってプロパティマネジメントをする不動産経営代行、「レスQセンターネットワーク」のFC事業、不動産の無人店舗「スタッフレスショップ」のFC事業、賃貸斡旋店舗「お部屋さがし物語」「部屋物語」「繁盛店物語（店舗・テナント専門）」の展開

本部ビル：〒790-0012　愛媛県松山市湊町1-2　電話089-921-1514
（FC事業本部）

沿　革：1988年、各物件の内外をビデオで紹介するVTRシステムを開発
1998年、管理物件向けに真夜中でも緊急出動可能な24時間管理システムを確立
2001年、一般物件入居者向けに24時間「あんしん倶楽部（現・CLUBRESQ24）システムを構築
2003年、松山市消防局城東支所「中の川消防署」跡地に本部ビルを設置
2006年、本部ビル南側に「レスQセンター」開設
2009年、タッチパネル式物件検索システムを構築。スタッフレス見学システムの構築・運用開始
2012年、「スタッフレスショップ」パートナー加盟店募集開始
2013年、東京初進出、「部屋物語　中野店」開設
2014年、経済産業省「中小企業IT経営力大賞2014」にて優秀賞受賞
独自に開発した不動産無人店舗「スタッフレスショップ」の仕組みにおいて、ビジネスモデル特許を取得
2018年、「レスQセンターネットワーク」を全国にFC展開、長崎県に1号店オープン

関連サイト：http://resqcenter.com/（レスQセンターネットワーク）

https://www.nihon-agent.co.jp/

株式会社 八光殿

八光殿

HAKKODEN Co.,Ltd.

[葬祭サービス事業]

人と人とのつながりと儀礼文化を守り、故人様を大切にする感動葬儀を実践する

地域密着で地元から厚い信頼を寄せられながら、年間2000件の葬儀を行っている八光殿。血縁、地縁が薄れつつある現代だからこそ、儀礼文化を正しく伝え、人と人とのつながりを強めたい。加盟店オーナーともそんな理念を共有していく。

葬儀会館八光殿八尾中央

☑ 12坪と30坪の小型葬儀場をフランチャイズ展開

大阪市の東隣に位置する八尾市。そこに本社を置く八光殿は、八尾市とその周辺の市に配置された12の会館で、年間2000件におよぶ葬儀を行っている。

同社が掲げる方針が「故人様を大切にするお葬式」と「感動葬儀」だ。

「お通夜の日がちょうど誕生日だったおじいちゃんの葬儀がありました。担当者はなんとバースデーケーキを用意してご遺族を驚かせたんです。お孫さんにろうそくの炎を吹き消すように促すと、お孫さんはそのとおりにして、ハッピーバースデーを歌い出しました。すると周りの人たちも歌い始め、会場中が合唱になりました」

松村康隆代表取締役社長は、最近同社が行った葬儀の中でも印象深かったもの

松村康隆（まつむら・やすたか）社長

1964年、大阪府八尾市生まれ。大学卒業後、同業他社での研修を経て、八光殿の前身・中河内葬祭で働き始める。2006年、副社長のときに社内改革に着手し、経営理念や経営方針の「八方善し」、社員のこころのあり方を定めたクレドを作成。「故人様を大切にするお葬式」と「感動葬儀」の方針を形作る。2009年、代表取締役社長に就任。「まちの葬儀屋さん」としての親しみやすさはそのままに、社員126人（2019年1月現在）の体系だった組織にまとめあげた。同業者の後継者育成にも尽力。

をこう挙げている。

八光殿の葬儀にはエピソードにあふれるものが多い。亡くなったおばあちゃんが好きだったおせんべいを街中の店を回って探し出した。吹奏楽団員だった男性の葬儀では、仲間に集まってもらって故人が好きだったベートーベンの「第九（交響曲第九番）」を演奏した。当日、演奏のことを知らされていなかったご遺族は驚いたが、故人が音楽好きだったことをすぐに思い出し、忘れられない式になった。

「ご遺族や参列者の方々が、どれだけゆっくり故人様のことを悲しめるのか。そして、いいお葬式だったねと思っていただけるのか。故人様を大切にしつつ、ご遺族の方に寄り添い、創意工夫を重ねています」

式場が音楽であふれたり、時にはにぎやかになったり、従来の葬儀の形にとらわれない自由な発想にも思えるが、八光殿では葬儀の「儀礼文化」にも深くこだわる。

そんな同社が2019年春から展開しようとしているのが、葬儀のフランチャイズだ。12坪と30坪の小規模な葬儀場の図面を同社が用意し、加盟店に建設してもらってそこで葬儀を行うようにする。

「こんなに小さな葬儀会館で本当にできるんですか？と、皆さん最初はびっくりされるんですが、いま弊社には家族葬専用会館が7会館あり、小規模な葬儀が圧倒的に多いのが現実で

八光殿の家族葬専用会館「PROFT 陽光園」

FC 展開する 12 坪タイプの小型葬儀場の
外観イメージと間取り図

す。しかし、だからといって式を簡素にするわけではありません。お通夜もお葬式もしっかり行い、宗教者の方にももちろん来ていただきます。ご遺族の方には故人に死に装束をつけるお手伝いもしてもらうなど、儀礼文化の伝承にも力を入れています」

高齢で亡くなる人が増えたことで、葬儀も親族やごく近しい人のみで行うケースが増えてきた。お金をかけずにというニーズも強くある。だが、現実に小規模な式場を確保することは難しい。そこで八光殿では、小規模の式場を各地に配置して、滞りなく葬儀を行うよう教育をセットにしたフランチャイズを展開していく。

規模は小さくとも、内容には妥協しない。通夜、告別式の手順やしきたりは厳粛に守り、お経をあげるご寺院様（仏教の場合）などの宗教者も当然、呼んで葬儀を進める。「故人様を大切にするお葬式」と「感動葬儀」、そして「儀礼文化」の伝承は同社が行っている葬儀の方針そのままだ。小規模な葬儀という時代が求める形を提供しつつ、それを多くの人に利用してもらうことでいっそう「儀礼文化」の伝承を進めていきたい考えだ。

☑「二人の担当者のスタイル」から脱却、会社の方針づくりに一歩を踏み出す

今では地域から厚い信頼を寄せられている八光殿だが、そこに至る道のりは簡単ではなかった。創立は70年以上前の１９４７年、現在の松村社長の父親が興した中河内葬祭が前身だ。いわゆる「まちの葬儀屋さん」だったが、１９８５年に葬儀会館八光殿八尾中央を開設して、組織として葬儀を行う企業として知られるようになった。

ピーク時には月に１２０件もの葬儀を行った。会館には式場が三つあったが、それでは足りず、法事、法要のために作った和室二つも使って、毎日、五つの式を同時並行で進めていたこともあったほどだ。

その後も八尾市周辺に葬儀会館を増やすなど徹底的な地域密着により会社は順調に発展し、

社員も増えていった。だが、同業他社での研修を経て、当時すでに同社に勤めていた松村社長には不安もあったという。

「葬儀の進行は経験豊富な担当者にしかできませんでした。一つのお葬式に担当者が一人つき、サブの社員はいましたが、基本的には一から百まですべて一人で執り行っていました。個人それぞれのスタイルがあり、歩合制だったということもあって、個人経営者の集まりのようになっていたのです」

担当の社員は、早朝から深夜まで葬儀の準備等に追われ、夜勤業務で徹夜をして、翌朝からまた働き始めるという日々を送っていた。文字どおり、寝る間もなく働かなければならなかった。

「社員が100名ほどの規模になると、やはり会社として指針をはっきりと打ち出さなければいけないと考えるようになりました。たしかにそれまでも創立者の父がつくった『人にはやさしく自分には厳しく』、そしてまた次の社長のつくった『一人はみんなのために、みんなは一人のために』という言葉などはあったのですが、もっときちんとしたものが必要だと思いました」

誰もが納得できる会社の方針をつくり、それを社員一人ひとりに浸透させたい。松村社長はそう思い定めたのだ。

クレドを知って導入、社員自らが考え、決断し、考動を

そんなとき松村社長が知ったのが、世界中で高級ホテルを展開するザ・リッツ・カールトンの「クレド」だった。会社の方針などを1枚の紙にまとめたもので、社員はそれを小さく折り畳んで持ち歩き、必要なときに取り出して読み返す。そこには経営理念やミッションが書かれているが、社員の行動指針や心構えなどが細かく記されているところがポイントだ。

ザ・リッツ・カールトンに倣って作った八光殿のクレド

社員は、何か判断を求められたとき、クレドを確認して、どうすれば良いか自分で判断して動き出す。上司の判断を仰ぐのではなく、その場で社員自らが考え、行動するためのツールがクレドだ。

松村社長が何より心を動かされたのが、クレドについてのエピソードだった。

ザ・リッツ・カールトンで働く従業員は、ある日、若い男性客から椅子を貸してほしいとの依頼を受けた。事情を聞くと、その日の夜、海辺で彼女にプロポーズをするという。そこで従業員は、砂浜に椅子とテーブルを準備し、テー

ブルの上に花とシャンパンを用意した。プロポーズの際にひざまずけるようハンカチもそばに用意した。どうすれば男性に喜んでもらえるのか、クレドで会社の趣旨を確認し、自分で判断したのである。

八光殿でも、担当者が自分で考え、故人様やご遺族にしっかりと寄り添う葬儀を実現したい。

自分が副社長になったときに導入に着手し、数年をかけて準備を進め、八光殿の「クレド」を作り上げたのが２００６年９月ことだ。

まず、会社の経営理念として「全社員の心物両面の幸福を追求するとともに、感謝のこころでしあわせ社会を創造する」と、社員の幸福を追求し、同時に社会に貢献する方針を明確に打ち出した。

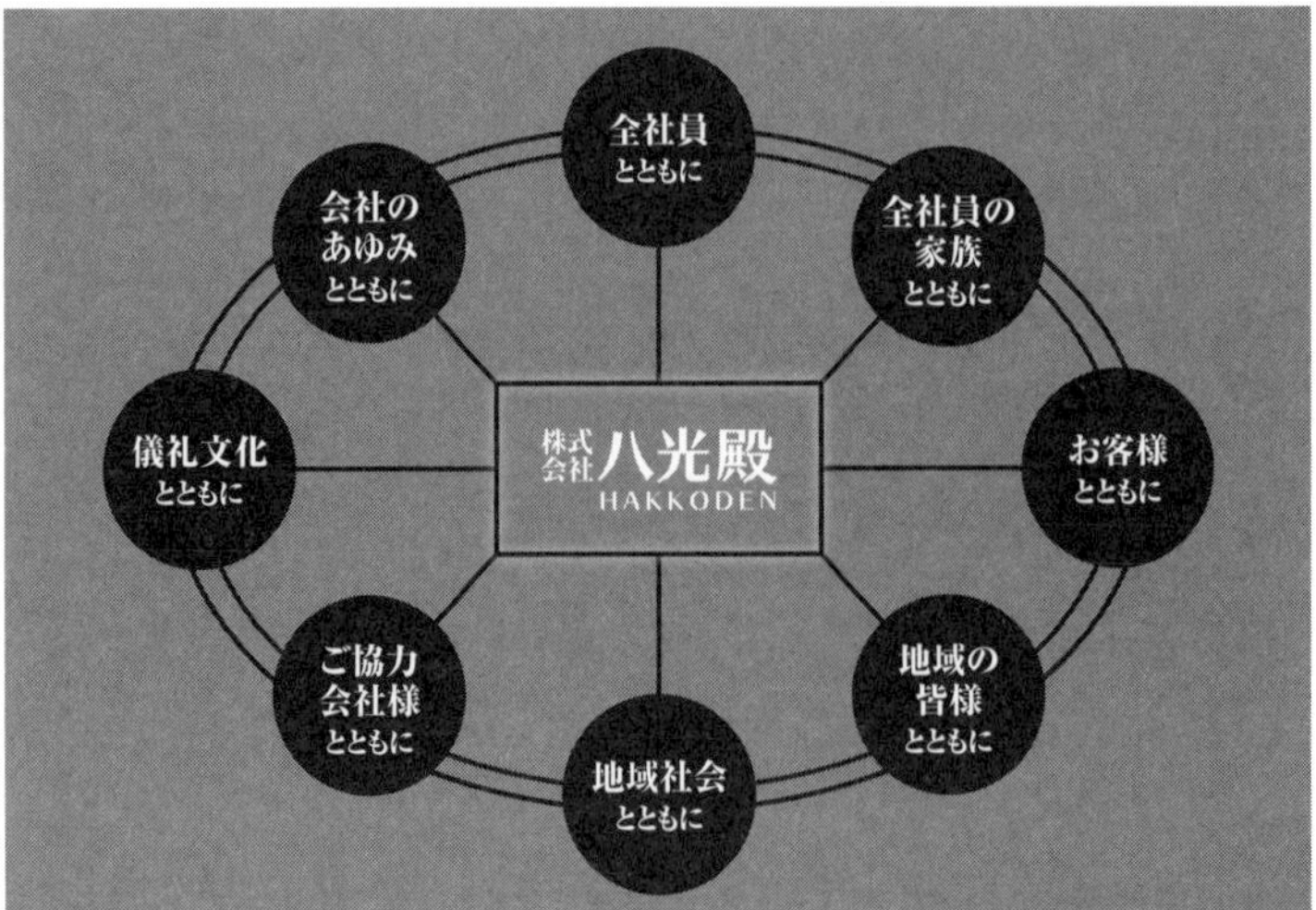

「八方善し」で日本一〝ありがとう〟が響き合う会社（グループ）を目指す

「ES（社内顧客満足）があって、CS（顧客満足）が成り立つ。初めはそんなことも知りませんでしたが、勉強して、まず社員が幸福にならなければならないと決めました」

そして「儀礼文化」の七つを大切にし、8番目に「先輩方への感謝と会社の発展」を掲げた。

「全社員」「全社員の家族」「お客様」「地域の皆様」「地域社会」「取引先（ご協力会社様）」、

「三方善し」ならぬ「八方善し」の経営方針だ。

また、10項目の「社員のこころのあり方」と、26項目の「社員のありたい姿」を定め、社員自らが、故人様とご遺族、さらに地域社会のために何ができるのかを考えるように促した。

☑若手が成長できる環境を整備、研修希望者が続々とやってきた

会社が目指すものを明確にする一方では、社員を大事にする方針から、長時間労働などの労働環境の改善も図った。夜勤専門の社員を雇い、徹夜仕事が続くような状況は改めた。

また、取引先も大切にする方針から、「業者」という呼び方を「ご協力会社様」と改め、高圧的な振る舞いも戒めた。対等なパートナーとして付き合うように心がけ、今では取引先（ご協力会社様）が商談等で八光殿を訪れる際は、社長も含め社員が10分前に出迎えるようにしている。

すべての社員には、葬儀を取り仕切るチャンスを広げ、どのように知恵を絞ったのか、朝

教育体系を整えたおかげで若手がしっかり育ってきた。同社には一級葬祭ディレクターが28名、二級葬祭ディレクターが1名在籍（2019年1月現在）し、お客様に安心を届けている

礼等で発表する機会を増やした。創意工夫を奨励し、意識の浸透を図るためだ。

教育体系もきちんと整備し、現在では、小規模な葬儀ならば経験3年で一人で進行できるようになり、また、5年で大規模な社葬まで行える一級葬祭ディレクターの資格を取るように奨励している。担当者が個々に仕切るやり方から、組織的な運営へと大きく舵を切ったわけだ。「儀礼文化」を重んじつつ、知恵を絞って心に残る葬儀を行うという難しい仕事ができるのは、このように社員一人ひとりが〝考える〟風土が根付いているためだ。

改革にはついて行けない社員も出たが、一方では多くの理解者を得ることになった。自社でも改革を進めたいと希望する各地の同業者が、八光殿でぜひ研修をと後継者を送り込んできた。葬儀の備品を扱う取引先（ご協力会社様）を通して噂が広がったようだ。

これまでに計20名の研修生を受け入れ、3年間でひと通り葬儀を取り仕切れるように育成している。研修を終えて自社に戻った若手たちは、そこで同じように経営理念を見直したり、クレドで社内に浸透を図ったりと、八光殿で学んだことを応用している。

☑地域活動に盛んに取り組み、震災では仕事の意義を改めて確信

経営方針の「八方善し」では、地域住民や地域社会への貢献も謳っており、八光殿では地域活動にも熱心に取り組んでいる。毎朝続けているのが、本社や各会館周辺の清掃だ。月に一度、アドプトロード活動にも取り組む。大阪府の自治体より認定を受け、まちの道路の清掃や美化活動を継続的に行う活動だ。距離にすると延べ7キロにも及ぶ。

夏になれば、地域のまつりの準備を社員総出で行っている。八尾市伝統の「八尾河内音頭まつり」では、２０１７年9月、松村社長が実行委員長として地域の人たちと協力して世界記録に挑戦した。盆踊りを伝統的な衣装で同じ踊りを同時に大人数で5分間踊ると認定されるもので、準備に2年、練習に1年をかけて２８７２人の新記録をつくった。八光殿の本社の2階には、その証明書が誇らしげに飾られている。参加者の中には、個人的にこの証明書を取り寄せ、「自分が死んだら、お棺に入れて」と言っている人もいるそうだ。

2011年3月の東日本大震災では、約ひと月の間、全社を挙げて納棺のボランティアとして仙台市に出向いた。

延べ130人の社員が交代で震災の犠牲者が運び込まれてくる仙台市内の会場に常駐し、お棺を組み立てたり、納棺の仕事を行った。多い日には1日に500ものお棺を組み立て、100を超える遺体を納棺する日々が続いた。行方不明の肉親ではないかと家族がやって来ては数百にも上る遺体を確認していく姿が見ていてつらかったという。

葬儀自体は地元の葬儀社が行い、八光殿は名前を知られることもなかったが、「葬儀・納棺に携わるということは、社会に貢献すること。それを改めて確認できた貴重な経験でした。何より私たちにしかできない仕事。社員みな、何事にも代え難い経験をしました」

地域活動にも熱心に取り組み、本社や各会館周辺の清掃は毎日の日課

東日本大震災のときには社員が交代で仙台に駆けつけ、棺の組み立てを手伝った

と、松村社長は、自分たちのふだんの仕事の意味を再確認できたと語っている。

☑地縁、血縁が薄れている時代だからこそ、儀礼文化の伝承に力を

「3年前には、宗教者を呼ばないお葬式の割合が10%ほどに上りました。弊社が年間行う2000件の葬儀のうち、200件ほどになります。これではいけないと、一所懸命、ご遺族の方に儀礼文化の大切さを説明して2016年には半分の5%まで減らしました。しかし、最近また増えてきています」（松村社長）

家族や親族が亡くなると、葬儀会社に言われるままに宗教者を呼び、葬儀を済ませてしまう家庭も多いという。あとから檀家のお寺がそのことを知り、なぜ呼んでくれなかったのかと問われて初めて、大事な手続きを怠ったことに気づく。仏壇のない家、自分の家の宗教や宗派を知らない人も多いに違いない。

松村社長が危惧するのが、儀礼を忘れることで、血縁や地縁など「人と人とのつながり」もが希薄になっていくことだ。だからこそ儀礼文化を大切にしたい。正しい儀礼に基づいて葬儀を行い、故人様を大切にし、ご遺族に寄り添う。それにより、誰もが家族のことを、先祖のことを、そして地域社会のことを考えるようになる。

フランチャイズの加盟店オーナーにも、この理念を共有してもらいたい。

☑加盟店に向けた充実の教育研修カリキュラム

冒頭で紹介した、八光殿が今年FC展開をスタートさせる、小規模であっても故人様の尊厳を大切にし、儀礼文化をなおざりにしないお葬式――。加盟店オーナーには八光殿の取り組みへの共感が大前提として求められる。その上で、オーナー像としては、現在、高齢者向けのサービス関連業を実践中で、地域での更なる事業発展を目指すために葬祭業を新規事業として考える経営者、または遊休資産の活用など、新規事業として葬祭事業に参入を考える異業種の経営者などを想定している。

開業資金は、初期費用として加盟金200万円、開業支援費50万円、研修費100万円、システム導入費20万円が必要。その後は、毎月の費用として広告宣伝分担費、システム管理料がかかる。ロイヤルティは売上高の3％となっている。

異業種からの新規参入であっても、支援体制は万全だ。まずは商圏分析・競合分析を行い、家族葬会館の建設に向けて、売上に直結する物件を独自の出店基準に沿って選定し、地域での人口動態予測なども踏まえた出店アドバイスをする。また、会館の運営に必要な備品、マニュアル等は、会館の準備進行に合わせて提供していく。

事業の運営に必要な人財の確保は、八光殿の実績を踏まえて採用媒体を紹介したり、募集、面接、選考など一連の業務をサポートしたりするほか、八光殿直営会館での30日間にわたる教育研修カリキュラムを実施、開業までの加盟店スタッフの目標管理や早期人財育成をフォローする。

葬祭ディレクターを育成するには最短で1年はかかるが、同社の教育研修カリキュラムを行うことで最短30日間で葬儀の担当が可能になる。研修ではテキストを活用しながら、葬儀の基礎知識や技術、集客を図るための販促の戦力や手法、また財務や会館保守を学ぶほか、遺族への応対・納棺・通夜・葬儀の実践研修があり、座学だけにとどまらない手厚さがある。

葬祭サービス安心度調査では信頼の証であるトリプルＡ評価の八光殿。ほかにもビジネスマナーやおもてなし規格など、たくさんの認証を受けている

開業後も、葬儀のレベルアップに必要なセミナーやワークショップを開催したり、売上目標達成のために定期的にスーパーバイジングを行う予定だ。

八光殿は、これまで自社で取り組んできた数々の改革、クレドの作成・導入、そして教育体制の充実、これらのノウハウをフランチャイズにも組み込み、より広い地域への普及を図りたいと考えている。

株式会社八光殿

創　　立：1947年9月（前身の中河内葬祭有限会社）
設　　立：2012年3月
事業内容：葬祭サービス、一般貨物（霊柩）自動車運送事業（近畿陸運局認可）

本　　社：〒581-0003　大阪府八尾市本町3-4-8
　　　　　電話072-991-0042
事 業 所：八尾事業所、大東事業所、門真事業所
直営葬祭会館：葬儀会館5、家族葬専用会館7

イメージキャラクター：大村崑さん（俳優）

沿　　革：1975年、通商産業大臣（現・経済産業大臣）認定書「50産第1784号」全日本葬祭業協同組合連合会より授与
　　　　　1981年、大阪府八尾市と災害発生時における葬祭業務の委託協定の締結
　　　　　1999年、葬祭業安心度格付調査 最高評価AAA認定
　　　　　2003年、中河内葬祭有限会社から株式会社中河内葬祭に組織変更
　　　　　2006年、大阪府（大阪府警）搬送業務委託契約締結
　　　　　　　　　クレド〈信条─感謝のこころ〉完成
　　　　　　　　　ISO認証取得格付機関 日本儀礼文化調査協会JECIA（ジェシア）格付評価 五つ星認定
　　　　　2007年、日本CS・ホスピタリティー協会CS認定企業 資格取得認定
　　　　　2012年、株式会社八光殿、社名変更に伴い設立
　　　　　2016年、八光殿ホールディングス株式会社設立
　　　　　　　　　おもてなし規格認証2016登録（以降、3年連続登録）

関連サイト：http://www.8510.net/（サービスサイト）

http://hakkoden.co.jp

PEATERPAN

ピーターパン

PEATERPAN Co.,Ltd.

［フードビジネス（総合）］

焼きたて・揚げたて・つくりたての〝3たて〟で地元住民に愛される「奇跡のパン屋さん」

ピーターパンは、パンを通して「毎日の暮らしにちょっと贅沢、ちょっとおしゃれな食文化」を提供するベーカリー。「焼きたてのパン・揚げたてのドーナツ・つくりたての調理パン」にこだわり、各店圧倒的な地域一番店となっている。

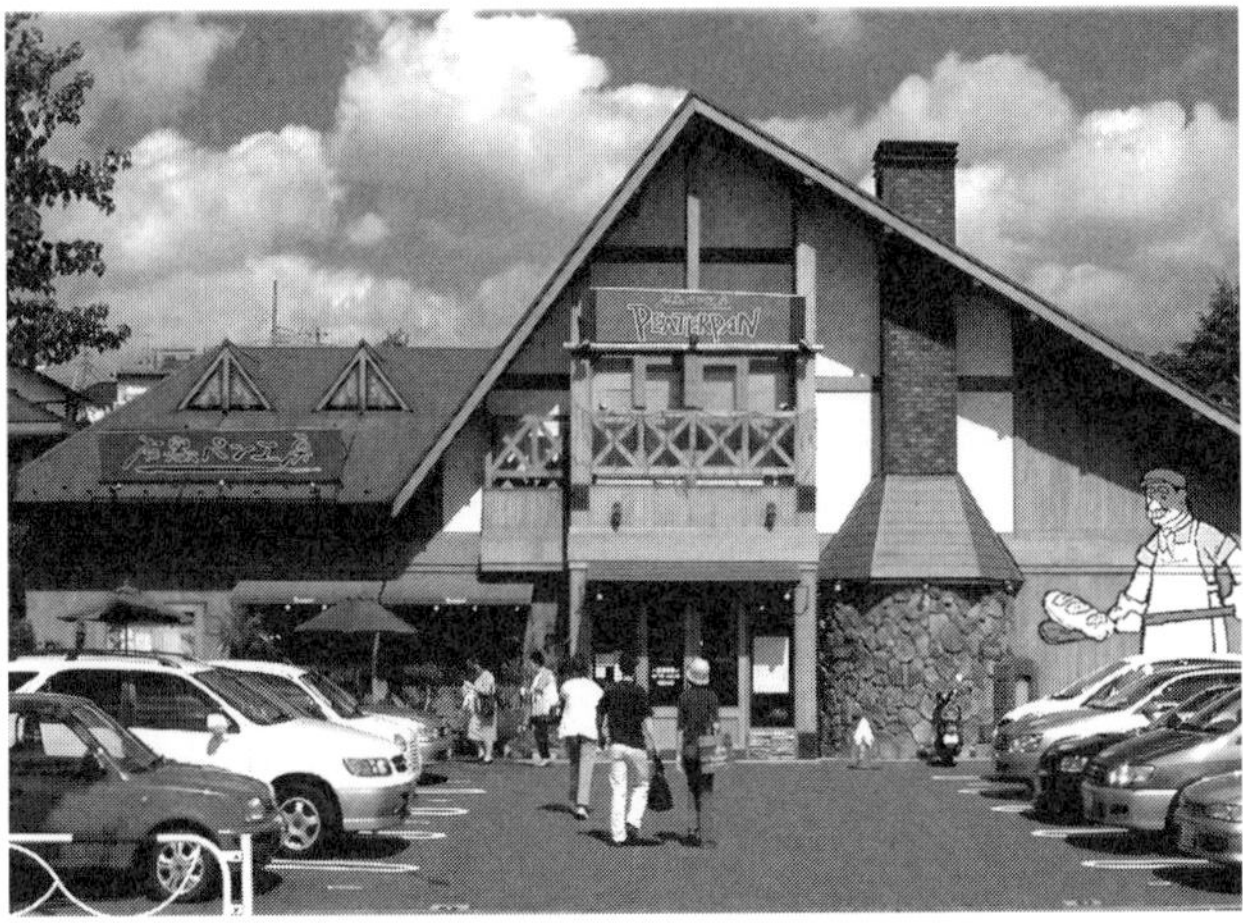

「石窯パン工房店」（千葉・船橋）

☑「この店があるから引っ越したくない」と言われるベーカリー

辺りはすでに薄暗くなりつつある夕暮れ時だというのに、そのヨーロッパのログハウス風のパン屋さんには地元客が引きも切らず詰めかけていた。

約80種類の膨大な品揃えから、お気に入りのパンをトレーに載せていく買い物客の顔は一様に幸せそうだ。店の前にあるオープンテラスでは家族連れが、サービスで提供されるブレンドコーヒーを飲んでいる。ピーターパンの路面各店の日常の風景である。

1977年に創業したピーターパンは千葉県内に9店舗を展開するベーカリー。「石窯パン工房店」（船橋市）のほかに、「小麦工房店」（市川市）、「小麦の郷店」（鎌ケ谷市）、「小麦の丘店」（八千代市）、「奏の杜店」（習志野市）、「ピーターパンJr.シャポー船橋店」（JR船橋駅改札内）、「ピーターパンペリエ千葉エキナカ店」（JR千葉駅改札内）、「小麦市場シャポー船橋店」（JR船橋駅改札外）、「ピーターパンJr.シャポー本八幡店」（JR本八幡駅改札外）の八つの直営店がある。

従業員数410人、平均年齢は28歳前後と若い企業である。

同社の経営の目的は、基本理念の中に次のように記されている。

〈パンは５０００年も前から天然酵母を醗酵させ、膨らませ、より美味しくする工夫がされ、毎日の生活に欠かせない主食として親しまれています。パンという素晴らしい食べ物を創ってくれた古代の人たちに感謝します。

一所懸命、美味しいパンをつくり「毎日の暮らしにちょっと贅沢、ちょっとおしゃれな食文化を提供する」ことがピーターパンの経営の目的であり、存在価値です。〉

同社の最大の特徴は「手づくりの美味しいパン」だ。

創業者である横手和彦取締役会長は次のように言う。

「パンを手づくりするのは非常に技術が必要ですし、朝早くからの仕込みや微調整など手間暇がかかります。しかし、私たちはあえて手づくりを選んでいます。パンに愛情と思いやりを持って、ひと手間かけることで美味しさが変わってきます。

大橋珠生（おおはし・たまお）社長

1973年12月、千葉県市川市生まれ。短大卒業後、5年間のOL時代を経て2000年に株式会社ピーターパンに入社。総務部長を務め、社会保険労務士の資格を取得。2016年4月、同社代表取締役社長に就任。現在、千葉県内に9店舗、1工房を展開する。2児の母。
写真左は創業者の横手和彦（よこて・かずひこ）取締役会長。1943年7月、広島県豊田郡（現・呉市）生まれ。愛媛県の信用金庫勤務を経て上京、レストランクラブを開店して成功するも転業を決意、1977年同社設立。2016年4月、事業承継して現職。

そんなスタッフの愛情やこだわりがピーターパンの美味しさの秘密です」

2017年度には当時の8店舗合計で22億5000万円の年商を記録した。通常の街のベーカリーとは比べものにならない売上である。

ピーターパンはどの店も地域で圧倒的なシェアを誇る。「この地域に住む理由のナンバーワン」「この店があるから引っ越したくない」とまで地元住民に言わしめるベーカリーなのだ。

ここまで地域で愛されるパン屋さんはいかにしてでき上がったのだろうか。

☑ベーカリー開業を決意させた幼い娘のひと言

横手会長は広島県の出身。社会人としての第一歩を愛媛県の信用金庫に勤めるサラリーマンとして歩み始めた。だが、「自分には向かない」と2年ほどで退職。独立の夢を抱いて上京することになった。

そして選んだのは飲食業。渋谷や銀座などの飲食店で数年修業をし、27歳のとき、青山にレストランクラブをオープンする。「リーズナブルな価格で、歌って踊れる憩いの場」というコンセプトが受け入れられ、店は繁盛し、29歳で千葉県市川市に自宅を新築するなど順風満帆な人生を送っていた。

そんなある日、妻が病気を患って寝込んでしまった。そこで、2歳10カ月になる娘を連れて自分の店に出勤した。

「娘はヨチヨチ歩きで氷の交換など子どもながらに手伝っていました。その間、私は何をしていたかというと、常連さんの席でタバコをふかしながらお酒を飲んでいました。翌朝、娘が私に向かってこう言ったのです。『お父さんはお仕事に行くと言って毎日出かけるけど、お仕事なんか何もしていないじゃない』と。ショックでした。このまま子どもを育てていってはいけない、自分が働いている姿を子どもに見せなければならないと思いまし

「奏の杜店」の外観と「小麦の郷店」の店内。テラスではサービスのコーヒーが振る舞われ、どの店も地域のコミュニティとなっている

た。それで業種を変えたのです」

その娘というのが、現在の大橋珠生代表取締役社長である。

娘のひと言で昼の商売に転じることになった横手会長は、ラーメン屋かパン屋をやろうと考えた。パンはそれほど好きではなかったが、友人が営んでいるパン屋のパンを食べてみたら美味しかった。「こんな美味しいものをつくりながら子どもを育てられたら」と考えた横手会長は、パンづくりに一生を賭けてみようと決意した。

3年計画で見習いに行ったが、無謀にもわずか1年で鎌ケ谷市に「焼きたてのパン・ピーターパン」をオープンした。当然ながら、パン製造技術は未熟である。そこで、横手会長は「人様よりちょっとでも、良い材料を使おう」「人様よりちょっとでも、誠心誠意働こう」「これからは一生、パンの勉強を続けよう」という三つの誓いをたてた。

そして、「どうすればお客様に喜んでもらえるかを考えた結果、焼きたて・揚げたての温かいパンを提供しよう」と決めた。実際に、1日12～13本ほどしか売れない食パンを3～5本ずつに分けて、1日4回は焼くようにした。

実は、焼きたてを提供するようになった理由にはちょっとした裏話もある。

「技術が未熟で手際が悪かったので、パンの仕込みや製造に人の2倍も3倍も時間がかかり、少しずつしかつくれなかったのです（笑）」

こうして、ピーターパンは商店街の繁盛店として順調に成長していった。

その後、横手会長は更なる地域貢献を模索し、宅配ピザ業界にも進出する。一時は、宅配ピザブームに乗り、パン屋3店、宅配ピザ5店を経営するようになった。だが、やがて宅配ピザブームは下火になる。出店は増えず、売上も落ち込み、社員を叱咤激励するだけの虚しい日々が続いた。

横手会長は「自分は何のために経営をしているのか?」と1年近く悩んだ。

そんなある日のこと。最初のベーカリーを創業したときに「ピーターパンのパンは美味しいね」と毎日買いに来てくれた近所の奥さんの顔が浮かんだ。

そして、客とのふれあい、美味しいと言ってもらえる充実感を思い出した。「規模拡大ができなくてもいい、儲からなくてもいい。心豊かな生活がしたい」。横手会長は自分が真に求めているものに気づいたのである。

こうして5店あった宅配ピザの店舗はすべて社員に譲り、自分はパン屋一本に絞ることにした。

横手会長が辿り着いた経営のコツはきわめてシンプルなものだった。それは「お客様が喜び、社員が楽しく誇りを持って働ける店を創る」ということだ。

そして1999年、市川市にオープンした「小麦工房店」がブレイクする。1日55万～

60万円を売り上げ、翌年には年商2億円の店となったのである。

「これはある意味で衝撃でした」と横手会長。「お客様と社員の幸せを創造すること。それは自分がそれまでずっと勉強してきた経営の原理原則でした。そのとおりに実践すればうまくいくということに改めて気づかされたのです」と語る。

2001年には船橋市に「石窯パン工房店」を開店。成長が加速していく。

☑メロンパン販売数1日9749個が世界記録に

ピーターパンの人気ナンバーワン商品である「元気印のメロンパン」は、外はカリッとし、中はしっとりふんわり。ひと口食べれば優しい甘さが広がる。

この人気商品が生まれたのは2011年。ピーターパンは千葉県の活力あふれる中小・ベンチャー企業を表彰する第17回「千葉元気印企業大賞」を受賞した。その受賞記念として「食べて元気になっていただきたい」という想いを込めて誕生した商品が「元気印のメロンパン」で、ピーターパンの看板商品へと成長した。

2015年11月、「小麦の郷店」で1日のメロンパン販売数9749個で世界記録を樹立した。こうした事実や同社のパンづくりへのこだわりはメディア等でも盛んに取り上げられ、ピーターパンの名は一気に全国区となった。

ピーターパンの品揃えは、このメロンパンのほか、1日1000個を売ることもあるカレーパン、塩バターロールなどの人気商品をはじめ、約80種類に及ぶ。定期的に新商品も出している。

ピーターパンのパンの美味しさへのこだわりを横手会長は〝3たて〟と呼ぶ。これは「焼きたてのパン・揚げたてのドーナツ・つくりたての調理パン」のこと。「パンのいちばん美味しい状態を召し上がっていただきたいという想いでパンをつくっています」と言う。

様々なパンが所狭しと並ぶ。「元気印のメロンパン」は1日の販売数で世界記録を達成

いずれのパンも一気に大量につくるのではなく、少量ずつつくってこまめに店頭へ出していく。たとえば、カレーパンを揚げる場合でも、一度に大量に揚げたほうが効率的につくれるが、あえて12個ずつ揚げ、効率よりも美味しさを優先しているという。こうして店頭には常に揚げたてが並ぶように工夫しているのだ。

新鮮さと温かさ。それがピーターパンの商品の強み。驚くのは、お客様がすでにトレーに取ったパンも、焼きたて・揚げたて・つくりたてが並んだら交換するという徹底ぶりだ。

その根底にあるのは「お客様に喜んでいただきたいという、弊社の社員が持っているホスピタリティマインドです」と横手会長は話す。

☑「従業員の信頼を裏切りたくない」と娘が事業承継

大橋社長が事業承継したのは2016年4月のことだ。

大橋社長には弟がいる。小さい頃から二人で販売の手伝いなどをして育った。だが、「弟が店を継ぐものだと思っていたので、自分がパン屋さんをやるつもりは全くなかった」と振り返る。

短大を卒業して就職し、ＯＬ生活と東京での一人暮らしを満喫していたが、5年ほどで退職。事務職が足りないということでピーターパンに入社することになった。とはいえ、あくまでも「手伝い」という感覚だった。

だが、あることがきっかけで自分がピーターパンを継ぐことになった。

それは10年ほど前のことだ。65歳を過ぎて事業承継を考えるようになった父が、M&Aの道を選択しそうになったことがある。

母も賛成したため本格的に話が進みそうになり、大橋社長は父に言った。

「会社を売るということは会社の理念を売るということ。お父さんを信じて朝から晩まで働き、必死でついてきてくれた従業員の思いを裏切ることになる」と。そして、「M&Aの話はすべて断って。私が店を継ぐから」と宣言。こうして少しずつ事業承継の準備を進め、大橋社長が誕生する運びとなった。

父にベーカリーを起業するきっかけを与えた娘が、今度はM&Aを思いとどまらせたのだ。

「不思議な宿命を感じます」と横手会長は感慨深げに語る。

社員の独立を支援する「社内FC」を展開

ピーターパンでは、これからFC展開を進めていこうとしている。

ただし、それは一般的なFCではなく「社内FC」(社内独立制度)である。つまり、社員が独立してチェーン店舗を経営していく独立分社というやり方だ。

しかし、会社の規模拡大を狙ってＦＣ展開を行おうとしているわけではない。ＦＣで儲けようとは考えていないのだ。

「ピーターパンと同じ理念とノウハウのお店を自分の故郷に創りたいと考えている社員もたくさんいます。そうした人たちの夢の実現に向けて背中を押してあげたいという思いからＦＣを立ち上げたのです」（大橋社長）。将来の独立を考えている社員は全体の１割に上るという。

もちろん、ＦＣであるからには社外の人にも門戸を開放す

焼きたて・揚げたて・つくりたての〝3たて〟がピーターパンの売り。新製品の開発も怠らない

るが、それには「まずは入社してください」というのが条件なのだ。珍しい形のＦＣと言えるだろう。

独立するには勤続年数８年以上を見込む。店長経験が２年以上で、後述するピーターパン大学を卒業し、上司の推薦を得られた社員が対象だ。外部資格としては、販売士３級またはパン技能検定２級またはパンシェルジュ検定３級またはベッカーマイスターＢを取得することが必要。さらに、退職金とは別に自己資金３００万円以上を貯めなければならない。

２０２０年に、こうした独立分社による第１号店が千葉県北西部の白井市にオープンすることが決まっている。

現在のところ、ピーターパンは特定地域内に集中して出店するエリア・ドミナント戦略をとっているが、ＦＣは全国に展開していく予定だという。

☑「ピーターパン大学」で独立候補者を育成

同社が考える会社の使命とは、社会性の追求（お客様の満足と喜び）、人間性の追求（社員の成長と幸せ）、企業性の追求（業績の向上）の三つだ。同社の経営理念ではこの使命を三角形で表している。

「弊社では、まずお客様の喜びと社員の成長を実現し続け、そのために会社を存続させるという優先順位を明確にするために、これを逆三角形で表しています」と大橋社長。

そこで重視しているのが人財育成である。

ピーターパンには、社内独立制度を活用して、独立オーナーを目指す独立候補者を対象に実施する研修プログラムがある。それが「ピーターパン大学」だ。

目的は、①経営者として必要な基礎知識を習得する、②経営行動計画が策定できるスキルを身につける、③独立までの具体的な行動計画と不足する知識・経験を明確にする、ということだ。毎年5月に開講され、毎月1回、8カ月間のコースとなっている。

独立候補者だけでなく、すべての社員に対する人財育成プログラムが充実している点も大きな特徴だ。経営幹部を目指す道、パン製造や商品開発、接客サービスなどの専門性に特化して極める道など多彩なキャリアプランが用意されている。

同社では、学びたい意欲のある人には学べるチャンスと場を提供する。成長の段階を追って、一般社員は技能教育、中堅社員は人間力、幹部社員はコンセプチュアルスキル（概念創造能力）などを磨けるほか、パン製造・販売などの通信教育も受講できる。

福利厚生・評価・表彰制度なども整備されており、従業員の働きやすい環境が提供され、また女性のワークライフバランスの実現も支援する。

「お客様に喜んでもらえる人になりたい」「パンを通して豊かな人生を送りたい」――同社

社内独立制度だけでなく、すべての社員に多彩なキャリアプランが用意されている。女性のワークライフバランスへの支援も充実

はそんな従業員を応援している。

大橋社長が事業承継して3年が過ぎた。目指すのは「渡り鳥のような組織」だという。

「渡り鳥はV字飛行で何万キロも先の目的地まで飛んでいきます。鳥は交代で先頭を飛ぶことで体力を温存し、お互いを支え合い目的地に向かいます。社員一人ひとりが自らの強みを発揮し、支え合い、会社のビジョン実現に向かうチームを創りたいです」

家族みんなが楽しめる店、住民が憩うテラス席、季節ごとにお客様が参画できるイベントなど、ピーターパンは地域のコミュニティにもなっている。同社は永続100年、100店舗を目指し、今日も地元の顧客に喜ばれる美味しいパンを提供している。

株式会社ピーターパン

設　　立：1977年4月
事業内容：毎日の暮らしにちょっと贅沢、ちょっとおしゃれな食文化提供業

本　　社：〒273-0021　千葉県船橋市海神3-24-14　電話047-410-1023
店　　舗：千葉県内に9店舗（船橋市3店、鎌ケ谷市1店、市川市2店、八千代市1店、習志野市1店、千葉市1店）、1工房

沿　　革：1978年、「焼きたてのパン・ピーターパン本店」オープン（鎌ケ谷市）
1999年、「小麦工房店」オープン（市川市）
2001年、「焼きたてのパン・ピーターパン本店」閉店
「石窯パン工房店」オープン（船橋市）
2005年、「小麦の郷店」オープン（鎌ケ谷市）
2009年、「小麦の丘店」オープン（八千代市）
2013年、「奏の杜店」オープン（習志野市）
2014年、JR船橋駅改札内「ピーターパンJr.シャポー船橋店」オープン
2015年、1日のメロンパン販売数9,749個で世界記録達成（小麦の郷店）
2016年、JR千葉駅改札内「ピーターパンペリエ千葉エキナカ店」オープン
2018年、JR船橋駅改札外「小麦市場ピーターパンシャポー船橋店」オープン
2019年、JR本八幡駅改札外「ピーターパンJr.シャポー本八幡店」オープン

http://www.peaterpan.com/

PROTIMES

プロタイムズ・ジャパン

PROTIMES JAPAN INC.

［住宅塗装業］

屋根・外壁塗装のスタンダードを創り
消費者に「安心・安全」を届ける

プロタイムズは塗料メーカーから独立分社した国内最大規模の屋根・外壁塗装会社。古い体質の残る業界にグローバルな風を吹き込み、全国ＦＣ展開を通じ、プロによる建物診断を重視した屋根・外壁塗装の工事品質の標準化を進める。

本社外観

☑業界初の塗装FCネットワークを展開

福岡県に本社を置くプロタイムズ・ジャパンは、塗料メーカー「アステックペイントジャパン」が直営する国内最大規模の屋根・外壁リフォームの専門会社だ。社員数は約50名。「家族の想いを、塗っている」を理念に、業界初の塗装FCネットワークを展開している。

厳格な規格をクリアした全国の優良施工会社だけをネットワーク化し、手抜き工事を一切しないルールづくりや顧客の生涯にわたる信頼を得るサービス基準を構築した。その結果、全国どのエリアでも高いレベルの工事品質とサービスが提供できているという。

高い品質の塗装工事をするには、塗料の専門的な知識が必要になる。同社は、塗料の知識が豊富なだけでなく、日々進化する塗料の最新情報を施工現場に

菅原 徹（すがはら・とおる）社長

1970年6月、東京都生まれ。18歳で渡米、ニューヨーク州立大学を卒業。帰国後、投資顧問会社で金融コンサルティングに携わる。商社に転進後、オーストラリアの塗料メーカーとの出会いから2000年に30歳で独立、日本総代理店「アステックペイントジャパン」を創業。現在は輸入塗料のほか、自社製造塗料も扱う。2009年、塗料メーカーの立場を越え、消費者に直で「塗装で守る3世代100年の家」を届けたいと株式会社プロタイムズ・ジャパンを設立、FCブランド「プロタイムズ」を立ち上げた。

フィードバックすることで、より高品質の塗装工事を提供する。

同社が最も重視しているのは、「外装劣化診断士」というプロの目による正確かつ専門的な外装劣化調査診断である。病院のドクターと同じように、専門の知識や技術を持ったスペシャリストの目で診断することは、塗装工事の品質を大きく左右する重要な工程だ。

こうした客観的な診断に基づいた屋根・外壁塗装を行う専門集団は、日本ではきわめて稀有な存在である。日本的な古い土壌の残るこの業界に、こうしたグローバル・スタンダードが持ち込まれたのは菅原徹代表取締役社長の来歴によるところが大きい。

☑アステックペイントオーストラリアの日本総代理店として創業

菅原社長は東京の出身。高校生の頃から独立志向が強く、いずれは起業することを目指していたという。18歳で単身渡米。ニューヨーク州立大学へ進学して、経済学を学んだ。

帰国後は、ある投資顧問会社に就職して金融コンサルティング業務に携わることになった。

その後、商社に転進し、オーストラリアの中堅ハウスメーカーへ出向。オーストラリアの住宅建材などを日本へ輸出する仕事を担当する中で出会った現地の塗料メーカー「アステックペイントオーストラリア」のマーク・ウォーターズ社長の考え方に惚れ込んだ。

アステックペイントの防水塗料は「日本の建物の寿命を延ばすことに貢献できる」と確信

した菅原社長は、その商品を日本へ輸出して発売することを決意する。だが、国内には流通ルートがなかったため、取引先を開拓したが売れ行きは芳しくなく、当時の勤め先はアステックペイントとの取引を停止すると決断した。

そこで、菅原社長は事業を引き継いで独立する。２０００年10月、福岡で、アステックペイントの日本総代理店「アステックペイントジャパン」を創業した（当時の社名はアステックジャパン）。30歳のときだった。菅原社長は現在も同社の代表取締役社長を務めている。

日本には塗料メーカーが何社かあるが、大手メーカーの一つは江戸時代創業の老舗だ。業界には〝鉄の流通経路〟があり、オーストラリアからの輸入塗料は全く相手にされなかった。

当時は平成不況の真っ只中。塗装会社の業績も最悪だった。菅原社長は塗装会社の営業支援を行いながら、アステックペイントの塗料の販路を広げていった。やがて業界内で「輸入塗料を販売しながら塗装会社の営業支援を行う面白い会社」という評判が広まり、徐々に業績が上向いていった。

アステックペイントジャパンは、同社の信念に賛同する施工品質に優れた施工店にのみ塗料を直接販売するという、加盟店制度による「直販体制」を業界で初めて採用した。

同社はその後、自社に研究開発部門と工場を設置。２０１３年から自社製造塗料の出荷を開始する。こうして、老舗が牛耳る日本の中で、平成初の塗料メーカーが誕生した。

☑ 高品質の屋根・外壁塗装工事をFC展開

アステックペイントジャパンは2008年に、住宅向け塗装工事請負事業のフランチャイズ化の準備のため、営業・施工ノウハウの検証と標準化作業を開始する。そして翌年3月、株式会社プロタイムズ・ジャパンを設立し、2010年から一般企業へのフランチャイズ加盟店募集を開始した。加盟店は順調に増え、全国に133店舗（2019年3月現在）を展開。これまでの施工実績（塗装棟数）は累計4万棟以上に及ぶ。

「住宅を守るには定期的な塗り替えが必要です。しかし、『どの業者なら安心して依頼できるかがわからない』という理由から、多くの方が躊躇しているのが実情です。リフォーム業界には未だに悪徳業者がはびこっており、その多くが塗装工事会社であることも不信を生む大きな原因の一つになっています。そんな業界にあって、私たちはお客様に本当の安心を提供したいとの思いからプロタイムズ・ジャパンを立ち上げたのです」

菅原社長は、屋根・外壁塗装工事を全国ネットワークとしてブランド化し、業界の曖昧な基準を廃して工事品質の標準化を行うことで信用度を高めることができると考えた。

加盟店はいずれも優良施工店。研鑽された高い技術を基準化し、高い工事品質を確保して、全国どのエリアでも同じ「安心」を届けるための仕組みづくりに取り組んできた。

同社では「塗装会社が嫌がることをすべて公開します」というスタンスで工事を行っている。独自のCADシステムを活用した図面を作成し、搬入した塗料缶を撮影した写真を添付したレポートを提出するなど、顧客の目に見える形で施工の工程を情報公開している。

☑「外装劣化診断士」による住宅の〝健康診断〟

屋根・外壁塗装の品質を左右する要素として、同社では工事前の建物診断（調査）を最も重視している。

その診断を行うのが外装診断のスペシャリスト「外装劣化診断士」である。これは、一般社団法人「住宅保全推進協会」認定の建物診断の専門資格で、屋根や外壁の知識はもちろん、建物の構造や劣化のメカニズムなどの知識を有する専門家だ。

同社のFC加盟店には外装劣化診断士が全店舗に在籍しており、加盟店診断士数は543名（2018年末現在）、これまでの診断実績は累計5万棟以上に上る。

プロによる診断のポイントは次のとおりだ。

●ポイント1　必ず屋根まで上がり、ビデオカメラで撮影しながら詳しく診断する

劣化状況は、診断士が解説を入れながらビデオカメラで撮影し記録する。建物の一部だけでなく、全体的な状況を把握してより正確な診断を行う。撮影した映像は診断後に提出する

報告書とともにDVD（おすまいビデオ診断DVD）にして顧客へ届ける。

●ポイント2　専門の診断キットを使い細かく診断する

雨漏りの多くは外壁からの漏水が原因だという。小さなひび割れでも見逃して放置すれば、そこから建物に水が入って構造体を腐らせる原因になる。外装劣化診断士は目視だけではなく、10倍顕微鏡などの専門の診断キットを使って診断するので、小さな劣化も見逃さない。

●ポイント3　独自のCADソフトで外装リフォーム図面を作成

新築の際には図面をもとに工事をするが、外装リフォームで図面を作成する業者はまずいない。しかし、外装リフォームでもしっかりとした図面をもとに塗装工事面積を積算しないと、工事の品質を保つことも、適正な工事価格を出すこともできない。外装劣化診断士は、独自のCADソフトで必ず図面を作成し、顧客に渡している。

☑劣化状況に合わせて5種類の塗装プランを提案

同社では10種類以上の塗装プランがあるが、その中から

外壁塗装の施工事例。高い工事品質の標準化を実現

顧客の希望や予算、劣化状況などに合わせて厳選した五つの塗装プランを提案している。見積は5種類すべてで作り、図面で算出した正確な塗装面積に基づいて適正価格を提案する。

また、塗装工事見積では「外壁塗装工事一式」という項目と総額だけが記載された、いわゆる〝一式見積〟を提出する業者も少なくない。しかし、これでは費用の内訳がわからず、悪質だと不要な金額が上乗せされている可能性もある。同社では見積書には「材料費」と「施工費」を分けて記載し、使用する塗料名と缶数も詳しく記載して細部まで明確にする。

同社が用意している代表的な外壁塗装プランは、「無機プラン」「フッ素プラン」「遮熱防水プラン」「プレミアムプラン」「低汚染プラン」「シリコンプラン」だ。それぞれ、耐候、防水、防汚、防カビ、色の種類などに特徴がある。

さらに、これまでの外壁塗装にはないデザイン性を重視したワンランク上のデザイン塗装「レンブラント」も用意している。プロタイムズ下関店が2017年に施工したマンションのデザイン塗装は、塗装業界では初となる「2018年度グッドデザイン賞」を受賞した。

☑工事後に約束される三つの保証

同社では塗装工事の「保証」にも万全を期している。

①加盟店と本部によるW工事保証

施工完了後に、加盟店と本部によるW工事保証を発行している。これにより、仮に加盟店が倒産した場合でも本部が責任を持って保証を継続する。保証の内容、期間、対象物件などは契約前に明確に説明。保証記録は本部で管理しており、紛失しても再発行される。

②住宅履歴情報ファイル

住まいのメンテナンスの証明として、診断報告書や完了報告書、保証書など工事にかかわるすべての書類をまとめて保管できる住宅履歴情報ファイルを顧客に渡している。

③アフターフォローの訪問点検

アフターフォローの訪問点検で塗装の状態を常に把握する。工事後、適切な時期に工事箇所の点検を実施。顧客の要望なども聞き、必要に応じて外装劣化診断士が対応する。

また、同社では施工後に必ずお客様満足度調査アンケートを実施し、顧客の本音を尋ねている。これまでに寄せられたアンケートでは工事満足度は

耐候、防水、防汚、防カビなど希望に合わせてプランを選べる

90％以上。アンケートの声は加盟店へフィードバックし、問題がある場合は迅速な対応を行う。顧客の率直な声はホームページにそのまま公開し、塗装を検討する人の参考に供している。

☑加盟のメリットは受注単価アップと元請け化へのシフト

同社のＦＣに加盟する最大のメリットは、無駄な経費や時間を浪費することなく、「住宅塗装の受注アップ」を成功させ、短期間で飛躍的な成長を実現できることだ。

通常、各経営者が独自で集客手法の試行錯誤を行い、提案ツールの開発や営業手法も個々で考えなければならない。そのため、良い工事を提案する腕を持っていても、途中で挫折してしまう会社が多いのが実情だ。新しく加盟した会社は、全国でいま成功している店舗の最新事例を自身の地元で、そのまま実施することができるため、最短で事業を成功させることが可能だ。

プロタイムズＦＣを活用することで事業が大きく変化することは、これまでの加盟店の事例からも明らかになっている。

まず、他社との明確な差別化が図れるため、無益な価格競争に巻き込まれることもなく、契約単価を上げることができる。塗装に特化して構築されたノウハウがあり、塗装を検討している層からの集客方法、高額受注を実現する提案方法、顧客満足を高める施工基準など、既存の塗装事業の強化はもちろん、新規事業への参入などその他のリフォーム分野における相乗効果も期待できる。１００万円の契約単価が平均受注単価１５０万円以上へと大幅アップした加盟店も少なくない。20代の業界未経験者が1年で月商１０００万円を達成した事例も多いという。

そして、住宅塗装業界で成功を収めるためには、下請け依存体制から脱却し、元請け化を図ることが大前提だ。FC加盟により、元請け化へのシフトを容易にする様々なノウハウを活用することができるようになる。実際に、下請け90%の企業が加盟3年後に元請け90%へと変化した事例も多数ある。

加盟店が地域でのナンバーワンを獲得するために、同社が力を入れているのはきめ細かなサポート体制である。「加盟店1社に対して必ず1名以上の本部スタッフ（スー

下関店が施工したマンションのデザイン塗装で、塗装業界初の「グッドデザイン賞」を受賞(2018 年)

パーバイザー）が担当し、経営者と二人三脚で目標達成に向かいます。これまでに蓄積してきた膨大な成功データをもとに、加盟店ごとに異なる営業エリアの地域特性や経営資源など、加盟店の状況に合わせてフレキシブルに対応し、集客戦略や営業方法など経営課題を解決するアドバイスを行います」

他にも、本部にはチラシやホームページ作成など各分野の専門スタッフが在籍しており、集客活動を強力にバックアップする。また、ＳＮＳを利用した情報共有の場も提供しているため、リアルタイムで本部と加盟店、加盟店同士での情報共有も可能だ。

業務の効率化へのアシストも万全である。顧客の情報管理や見積作成、施工管理、請求処理などを一元管

研修は加盟前の新規導入研修から始まり、手厚いプログラムが用意されている

理できるウェブシステムや、商談時に説得力のあるプレゼンツールを容易に作成できるソフトなど独自で開発したシステムを提供する。また、すべての業務に関するマニュアルや資料、動画教材なども完備されており、専用のウェブからいつでも利用することができる。

加盟店への研修メニューも豊富に揃う。加盟前の新規導入研修、営業計画の立て方やチラシの作成方法、商談トレーニングなどの営業研修会（毎月）、人材育成やマネジメントなどの店長研修、中長期計画・事業計画の立て方などの経営者研修、加盟店の経営者が一堂に会し、最新の情報など交換をする経営者会議も行われている。

さらに、全国規模で活躍する営業や販促・マーケティング、技術関連などのプロフェッショナルが顧問および専属担当となって勉強会やセミナーを開催している。

“品質”への想いを共有する加盟店を求める

ＦＣ「プロタイムズ」へ加盟するためには、前提として、アステックペイントジャパンに加盟し、技術認定の取得が必要である。

そして、加盟後に外装劣化診断士の認定資格を取得することも開業の条件だ。

同社の屋根・外装塗装の中の外装劣化診断には「ドクトル外壁さん」というサービスブランド名を用いている。２０１３年にブランドロゴを刷新し、「安心」と「安全」への想いを託した新たなブランドキャラクターが誕生した。

ＦＣ加盟にあたっての初期費用は２５０万～３００万円で、その内訳は加盟金50万円、開業セット費１５０万円（専用システム導入費、新規加盟店導入研修費、デザイン制作費など）、開業販促品約１００万円～（必要数に応じて購入）となっている。

さらに、同社のＦＣはエリア制をとっており、毎月の固定ロイヤルティと、その他契約実績に応じて変動ロイヤルティがかかる。変動ロイヤルティは売上に対して平均３％前後となる。この３％の中から、本部が経営支援も含めた様々なサポート・サービスの提供を加盟店に行っている。

同社ＦＣ加盟による収益モデルの一例（1ユニット1億円モデル）を挙げよう。１ユニットは2・5名体制で、クローザー1名・営業1名（社員）、パート1名（パートを0・5名とする）。商圏３万世帯で、案件獲得数10件、うち契約数６件で毎月８４０万円を売り上げる。加盟店オーナーは塗装専門施工会社がほとんどである。脱退率は2～3％と営業サービス系ＦＣとしてはかなり低い。

加盟店に求めるのは、理念である「家族の想いを、塗っている」という価値観を共有できる優良施工会社だ。実は、理念に表現された〝想い〟という言葉の裏には、「塗装で守る３世代１００年の家」という同社のコンセプトがある。すなわち、「品質へのこだわり」である。

2018 年度の加盟店全国大会の様子

「理念のバックボーンにある私たちの想いは、国内最大規模の塗装ネットワークの責任として、全国どこにも負けない工事品質を実現し、新しい価値を創り上げていきたいということです。それが今後10年の目標です。FCにはこうした想いに共感してくれる方に加盟していただきたいと考えています」

プロタイムズ全体の2018年度の年商は120億円に達した。住宅塗装業界では売上規模ナンバーワンを誇り、名実ともに業界のリーディングカンパニーとなった。

目下、加盟店180店舗を目指しており、2023年には年商300億円の達成を視野に入れる。

株式会社プロタイムズ・ジャパン

創　　業：2008 年 7 月（株式会社アステックペイントジャパン内にプロタイムズ事業部を立ち上げ）
設　　立：2009 年 3 月
事業内容：住宅塗装フランチャイズ本部運営、住宅塗装向け営業の企画立案・販促ツール開発・営業研修開催、住宅リフォーム関連各種イベント・セミナー事業、顧客管理・見積・原価管理等の一元管理システムの販売

本　　社：〒 811-2233　福岡県糟屋郡志免町別府北 4-2-8
電話 092-626-3335（代）
事業所・研修センター：東京、大阪

沿　　革：2008年、プロタイムズ事業部にて営業・施工ノウハウの検証、および標準化作業を開始
2009年、加盟店 17 店舗で事業開始
2010 年、SV 事業部開設
一般企業への FC 加盟店募集開始
2013 年、新ブランド「ドクトル外壁さん」（外装劣化診断士による住宅の健康診断）導入
2014 年、FC 加盟店 100 店舗突破
東京事業所開設（東京都千代田区）
2016 年、大阪事業所開設（大阪府大阪市淀川区）
2018 年、マンションのデザイン塗装で「グッドデザイン賞」受賞（プロタイムズ下関店）

関連サイト：https://astec-japan.co.jp（株式会社アステックペイントジャパン）

https://protimes.jp/

やる気スイッチグループ

やる気スイッチグループ

YARUKI Switch Group,Co.,Ltd.

［総合教育サービス事業］

七つのブランドによる総合教育サービスで世界中の子どもたちの夢と人生を支援する

やる気スイッチグループは、子どもの「自分力」を引き出すための多様な教育サービスを実践する総合教育企業である。幼児から高校生までの各ステージに応じた成長支援を行う七つのスクールブランドをＦＣ展開する。

メディアで紹介され、注目を集めているバイリンガル幼児園
(Kids Duo International センター南など７園を展開)

☑第二創業期を迎えて上場を視野に進化を目指す

何かをきっかけに突然目的意識が生まれたり、いろいろなことに興味が湧いたり、自発的に勉強するようになったり……。誰しもそんな経験があるだろう。そんな魔法のスイッチが〝やる気スイッチ〟だ。

やる気スイッチがONになった瞬間に、子どもは学習体質となり、勉強は苦しいものから楽しいものに変わる。そうした自らの体験から松田正男取締役会長が1973年に創業したのがやる気スイッチグループである。

〈全世界一人ひとりの〝宝石〟を見つけること、そしてそれを輝かせることを全力でサポートし、人々が〝やる気スイッチ〟を入れ、〝自分力〟を発揮しながら幸せに生きる社会の創造に貢献する〉というのが同社の理念だ。

したがって、従来の学習塾のあり方とは一線を画し、受験を前提としない総合教育サービスの展開を重視。単に学力や知識の向上だけではなく、子どもたち一人ひとりの個性を尊重し、それぞれの子どもにとって最適な指導をきめ細かく行い、目標達成を支援する。

同社には、子どもたちの成長段階に合わせて最適な教育プログラムを提供するための七つのブランドがある。「スクールIE」「チャイルド・アイズ」「忍者ナイン」「WinBe」「K ｉｄｓ Ｄｕｏ」「Ｋｉｄｓ Ｄｕｏ Ｉｎｔｅｒｎａｔｉｏｎａｌ（ＫＤＩ）」「ｉ Ｋｉｄｓ Ｓｔａｒ」である。この各ブランドでＦＣ事業を展開する。

現在、社員は室長やスーパーバイザー、本部スタッフなどを含めて１２００人ほどの陣容。２０１８年２月末期でのグループ売上は３５６億円、総生徒数はおよそ９万人に上り、教室総数は国内外１６６７校（２０１８年12月31日現在）を数える。

同社にとって２０１８年は一つの節目の年となった。創業者の松田正男氏が取締役会長となり、後任として専務取締役だった高橋直司氏が代表取締役社長に就任した。

「私たちはこれを第二創業期と位置づけ、創業以来の理念を大切にしながら、投資ファンド・アドバンテッジパートナーズと提携を結び、株式上場も視野に入れながら、更なる進化を目指すことになりました」（高橋社長）

高橋直司（たかはし・なおし）社長

1969 年 1 月、静岡県焼津市生まれ。横浜国立大学経営学部卒。1998 年、株式会社やる気スイッチグループの前身である株式会社拓人に入社、個別指導塾「スクール IE」の生徒数・教室数の大幅増に貢献。2002 年に新校開発事業部を立ち上げ、首都圏のみならず全国展開を加速させた。2015 年、やる気スイッチグループホールディングス専務取締役、2018 年 2 月、代表取締役社長に就任。創業社長の後継者として、同グループの第二創業を標榜し、組織改革と事業拡大を進める。2019 年 3 月、現社名に変更。

☑完全個別指導塾「スクールIE」が成長を牽引

同社が展開するスクールブランドの中で、これまでの成長に大きく寄与した主力事業が完全個別指導学習塾「スクールIE」のパッケージである。

その特徴は、独自の個性診断・学力診断を行い、脳科学や教育心理学に基づくアプローチで子どものやる気を引き出すという点だ。一人ひとりに最適な学習計画をつくり、専用のテキストを使用するほか、その子の性格と相性の合う講師を選ぶなど、完全なオーダーメイドによる指導を行う。

「近年、全国的に個別指導塾は増えていますが、それらが必ずしも良い個別指導塾というわけではありません。生徒の個性を最大限に尊重し、教室長と講師、保護者の連携体制がしっかりしていて、生徒や保護者にとって頼りになる存在であることが正しい個別指導の姿です。『スクールIE』ではもちろん受験対策にも力を入れていますが、単に受験だけにとらわれず、子

個別指導塾「スクールIE」では子どもと相性のよい講師をマッチング。右は千葉・浦安教室

どもたちの真の成長を支援するという姿勢が生徒や保護者に評価されている大きな理由だと考えています」

子どもの個性に合わせた指導を行うために、「スクールIE」では教育を可視化するシステムを運用している。個性診断テスト（ETS）と学力診断テスト（PCS）だ。

ETSは、生徒の学習習慣、生活習慣、育てられ方などから性格や個性を分析。その結果をもとに最適な指導方針を決定するツールである。PCSは、現在の学力を正確に診断するとともに、得意単元や苦手単元を細かく分析し、系統図に沿って苦手単元のつまずきの原因を明らかにするツールだ。IT化も進み、いずれもタブレット上で回答してもらうことで自動的に診断できるデジタル化も進めている。

また、「スクールIE」では難関大学の現役大学生からライブで個別授業を受けることのできるオンライン個別指導塾「IE－GAIA」を導入するなど、EdTechと呼ばれるテクノロジーをベースとした教育支援分野にも積極的に取り組む。

☑成長分野として注目される幼児教育部門

近年、教育業界で最もホットなのが幼児教育市場である。同社では、能力・英語力を早期から目覚めさせる幼児教育に早くから注目してきた。それら幼児部門を紹介しよう。

まず、「チャイルド・アイズ」は知育と小学校受験指導を行う幼児教室である。幼児期の教育で最も重要なのは子ども自身の興味の芽を見つけて育むこととの考え方のもと、「考える遊び」を通じて学習を受け入れる力を養う。

学習指導要領が改訂され、２０２０年から全国の学校で「知識を使う力」を身につける新しい教育が始まるが、「チャイルド・アイズ」では思考力が求められる時代に適応できる子どもを育てる教育を早くから実践してきた。

一方、「忍者ナイン」は、日本初の科学で運動能力を伸ばすキッズスポーツ教室だ。歌って踊りながらスポーツの基本動作が身につく「忍者ナイン体操」などを通して運動のコツを習得。わずか3カ月で運動能力が30%アップするという。

英語圏の学習法で学ぶ世界基準の英会話スクールが「ＷｉｎＢｅ」だ。ネイティブスピーカーと日本語講師のダブル体制による少人数制レッスンを行う。英語圏の子どもに読み書きを教えるために開発された話題の英語学習法フォニックスなど、２０２０年の教育改革での公立小学校の教科英語導入に向け、英語技能が先取りできる独自のプログラムが用意されている。

「Ｋｉｄｓ　Ｄｕｏ」は英語漬けの環境で子どもを預かる新しい学童保育である。長時間にわたり英語環境で過ごすことで、楽しみながら自然に英語が身につく。多学年・多人数の環境の中で社会性なども学ぶことができ、国際感覚を持った子どもの育成を目指す。

　最近メディア等でも紹介され、注目を集めているのがバイリンガル幼児園「Ｋｉｄｓ Ｄｕｏ Ｉｎｔｅｒｎａｔｉｏｎａｌ（ＫＤＩ）」である。バイリンガル教育、知能教育、運動指導、職業体験を軸としたこれまでにない新しい教育カリキュラムを採用している。

　ＫＤＩでは驚きの成果が表れているという。４年間の在園期間を過ごした園児たちはほとんどが英検４級、３級に合格、中には準２級（高校中級程度）に合格した子どももいる。ま

【上】知育と小学校受験指導を行う幼児教室「チャイルド・アイズ」【中】キッズスポーツ教室「忍者ナイン」【下】英語で預かる学童保育「Kids Duo」（東京・国領教室）

た、ＫＤＩの年長クラスの平均ＩＱ（知能指数）は１４４だ。東大生の平均ＩＱが１２０前後と言われているので、これは驚異的である。

さらに、ＫＤＩでは卒園までに小３レベルの身体能力を目指した教育を行っているが、体力測定では50ｍ走で９秒台と小学校高学年レベルを記録するスーパーキッズもいる。

「ｉ Ｋｉｄｓ Ｓｔａｒ」は教育と保育を融合した全く新しいバイリンガル保育施設。ＫＤＩのノウハウを活用した新しいバイリンガル教育、知能教育、運動指導を行っている。

これら幼児教育の各ブランドは同社の中で近年の成長分野となっている。

☑複数ブランドのFC加盟店オーナーも

同社では七つのスクールブランドでＦＣ展開を行い、全国のフランチャイズパートナーとともに子どもの成長支援に取り組んでいる。

約１６００の教室のうち、３割弱が直営教室、残りをＦＣ教室が占めており、単独ブランドのオーナーから複数ブランドを展開するオーナーへの移行も年々増加している。

開校立地は、全国それぞれの地域で「勝つための場所」を社内の専門部隊が現地市場調査により選定する。全国１５００を超す商圏を調査しており、出店候補地の子どもの数、家庭の経済力や教育熱、潜在顧客層などを徹底的に調べる。外国人講師などの人材は本部から紹介する。もちろん、教室管理者・講師に対しては定期的な研修を実施し、徹底した人材育成を行う。

フランチャイズ加盟のメリットの一つは、低リスクで高利益率を実現できる収益力である。

2018年度の加盟店オーナー総会の様子

フランチャイズ・ショーでは幅広いブランドを出店

一つのブランドで複数店舗を展開するオーナーも多い。

ただし、「収益のみを求めたり投機目的で参入しようと考えたりする方は教育事業のFCオーナーには向きません」と高橋社長は強調する。

同社が展開する七つのブランドは、下は2歳児の保育から

バイリンガル幼児園「Kids Duo International」（東京・三鷹）の外観と園児たち。2歳からの4学年、約430人が在籍する

上は18歳の受験生への個別指導塾までそれぞれ対象年齢などが異なる。そこで同社が最も意識しているのは、子どものライフステージにおける「連続性」だ。

知育から入った子がやがて幼児教室に通い、さらに成長して個別指導塾へ進む。フランチャイズパートナーにはこうした連続性を持たせたFC展開を推奨している。実際、たとえば「スクールIE」と「WinBe」といったように複数ブランドを展開するFCオーナーが2割ほどいる。複数ブランドに加盟する場合は、初期費用を安くしたり、教室の立ち上げがスムーズに進むようサポートを手厚くしたりする仕組みも始めているという。

最近、FCオーナーの「オーナーズクラブ」を始めた。これは、ブランドに対する貢献度などをポイント化し、オーナーへの様々なベネフィットを提供するシステムだ。高橋社長は「フランチャイズビジネスはフランチャイザーとフランチャイジーがＷｉｎＷｉｎの関係でなければいけない」と語る。

また、近年は新規事業として教育に参入してくる他業界の企業も多く、大手企業をはじめ法人からのＦＣ加盟も増えているという。現在、法人のオーナーが全体の８割を占め、個人も含めて約５７０のＦＣオーナーが加盟している。

☑ 地域社会の教育プラットフォームの役割

同社が究極に目指すのは、教育ビジネスを通じた地域社会への貢献だという。これはＣＳＲ（企業の社会的責任）活動としての側面も持つ。家庭や学校を超えたコミュニケーションの場を提供することで、地域社会の教育プラットフォームとしての役割をも果たそうとしているのだ。

その一つの象徴が「やる気スイッチスクエア」である。これは、同社の各ブランドを一つの店舗に集約した複合型スクールで、すべての教育ニーズに応える一気通貫サービスを行っている。

商圏分析などで地域のニーズを的確にとらえ、個々のブランドを1カ所に集めることで、地域社会の教育プラットフォームとしての機能を果たすことを目指している。

まだ数は少ないものの、「やる気スイッチスクエア」として幅広いブランドを展開するFCオーナーもいるという。

幼児から高校生までが、成長段階や目的に合わせて広く長く学べるのがこの複合型スクールの特徴だ。教育事業を多角的・総合的にとらえる発想が大きなビジネスチャンスにつながっている。

現在、個々のブランドを1カ所に集約するかたちだけではなく、徹底したローカルマーケティングによって地域全体で「やる気スイッチスクエア」として複数ブランドを組み合わせて展開し、子どもたちの未来の教育を担保した創客の試みも進めている。

「スクールIE」に通って進学し、大学を卒業して地域に戻ってきて講師になるというケースもあるという。こうした地域に根ざした連続性が同社の強みである。

☑働き方改革とダイバーシティへの対応

第二創業期として歩き始めた現在、同社全体として最も注力しているのが本部の組織力の強化である。

株式公開企業として適性のある会社に育てるために、高橋社長は社員の行動指針を明確に定め、「オープン」「ポジティブ」「オーナーシップ」という三つの標語を掲げた。「オープン」とは、情報を全員が共有して連携するということだ。その一環として経営会議を動画配信して社員全員が見られるようにしている。「ポジティブ」は、〝なぜできない〟ではなく〝どうすればできるか〟と考える発想の転換である。

そして、「オーナーシップ」は社員一人ひとりが自分を主役と考える当事者意識を植え付けることだ。

「20年ほど前から『自分で考え、自分で決め、自ら行動しよう』と言い続けてきました。それはまさに〝自分力〟です。私たちの教育の目指すところは自分力ですから、社員にも自身の自分力を高めていってほしいと考えています」（高橋社長）

また、第二創業期で謳っているのは「社員に豊かな人生を送ってもらう」ということである。

その軸となるのが、社員の働き方改革による生産性の向上とダイバーシティへの対応だ。教育業界は一般に給料が安い。これを高くするには生産性を上げていくしかない。高橋社長はやる気スイッチグループを「生産性を上げることによって、教育業界で最も給料の高い会社にしたい」と強調する。

同社では、投資ファンド・アドバンテッジパートナーズが経営に参画して以降、採用できる人材も変わってきたという。

半年に一度実施する全社の社員会議。半期に活躍した個人・チームが表彰される

「日本の民間教育は国への貢献度が高いと思います。『塾の先生にお世話になった』という人たちが社会の第一線で活躍しているわけですから。しかし、学習塾や教育業界は憧れの業界にはなっていません。勤務時間帯の違いなどから、人材採用には苦労してきました。しかし、投資会社が入ってくれたことで、これまでとは全く違う価値観を押し出せる人材が集まるようになり、経営体制は強化されてきています」

同社は新規事業が多くアイデア勝負の企業だからこそ、本部ではユニークな考え方のできる人、人材ビジネスに関心のある人を求めたいという。

働き方改革としては、本部では午前中に業務に集中する「がんばるタイム」を設け、18時以降の残業を減らす仕組みをつくった。さらに、毎月最終水曜日は18時に仕事を切り上げてみんなでお酒を飲みながら語り合う「アクティブトーク・ウェンズデイ」という試みもスタートさせた。現場でも残業を減らし、ゴールデンウィークを休室とする教室もある。

ダイバーシティへの対応については、とくに外国籍の社員が働きやすい環境の整備を進める。同社には23カ国の社員がおり、男性よりも女性社員の比率が高い。まさに多様化が進んでいる。

同社のスタッフは国籍だけではなく雇用形態も職種も多様であり、それぞれがキャリアパスを築けるような人事制度面での仕組みづくりを進めている。

「近年は他業界から教育業界への参入も多く、われわれは総合教育サービスを、教育のカテゴリーを超えて〝人の成長を支援する〟という、いわば人材ビジネスという枠組みでとらえています。したがって、新規事業も多く、多様な能力や個性を活かして活躍できる場所があるので、いろいろな人材が当社でチャンスを見つけることができると思います」

同社では、社員として経験・ノウハウを身につけた後にFCオーナーとして独立できる「のれん分け制度」も用意されている。

やる気スイッチグループは全国3000校展開を目指しており、総合教育企業として確固たる足場を着々と築きつつある。

株式会社やる気スイッチグループ

創　　業：1973年3月
設　　立：1989年11月（前身の株式会社拓人）
事業内容：個別指導塾、英会話スクール、幼児教育、民間型託児保育の経営ならびに、この事業を営む会社の株式または持分を保有することにより行う、当該会社の事業活動の支援、管理および事務代行、経営指導等の業務

本　　社：〒104-0032　東京都中央区八丁堀2-24-2　八丁堀第一生命ビル
電話 03-5542-2757
西日本支社：〒658-0011　兵庫県神戸市東灘区森南町1-5-1　セルバ甲南山手2F

沿　　革：1989年、完全個別指導塾「スクールIE」スタート
1997年、FC本部を開設、フランチャイズ教室の展開を開始
2000年、ネイティブ英会話スクール「WinBe」スタート、「スクールIE」と組み合わせた複合スクール「IEスクエア」を設置
2001年、幼児教育「チャイルド・アイズ」スタート
2008年、英語で預かる学童保育・幼児保育「Kids Duo」スタート
2012年、幼児向け運動プログラム「やる気ゆめスポ」スタート（2016年に「忍者ナイン」に改称）
2013年、バイリンガル幼児園「Kids Duo International」スタート、個別指導部門と語学・幼児部門をそれぞれ分社化
2014年、株式会社拓人ホールディングスから株式会社やる気スイッチグループホールディングスに社名を変更
2018年、バイリンガル×アクティブ幼児園「i Kids Star」スタート
2019年、子会社の株式会社拓人と株式会社拓人こども未来を統合し、株式会社やる気スイッチグループに社名を変更

https://www.yarukiswitch.jp/

介護のリフォーム
ユニバーサルスペース

ユニバーサルスペース

Universalspace Co.,Ltd.

［介護向け住宅リフォーム事業］

低単価でも収益の上がる事業モデルを構築し 介護リフォームでビジネスと社会貢献を両立

ユニバーサルスペースは、介護向け住宅リフォームにおいて業界初の効率化・システム化に成功。独自開発したビジネスモデル「介護リフォーム支援システム」とAIを活用した見積作成アプリの連携により、全国的な介護リフォームの普及に挑む。

FC展開する「介護リフォーム本舗」のロゴ。同社の取り組みは
2016年に「先進的なリフォーム事業者表彰　経済産業大臣賞」を受賞している

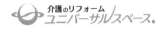

☑関東を中心に57店舗を展開する「介護リフォーム本舗」

２００９年創業のユニバーサルスペースは、日本初の介護向け住宅リフォームＦＣチェーン「介護リフォーム本舗」を運営する。本部従業員は26名。フランチャイズ化を開始したのは２０１３年で、関東を中心に直営4店舗を含む57店舗（２０１９年1月現在）の展開を達成。累積工事件数は4万件を超える。

介護リフォームとは、文字どおり介護が必要となる生活を考慮したリフォームだ。

創業者である遠藤哉代表取締役は、「現在、国が実現を目指す介護の考え方は、従来の『お世話をする介護』から『自立支援介護』へとシフトしており、重要なポイントの一つが在宅環境の整備です」と語る。

同社は介護保険対応のリフォーム工事に特化している。対象者は介護保険法の介護認定を受けている人。住宅改修の対象は手すりの取り付け、段差の解消、滑りの防止、引き戸などへの扉の取り替えなどだ。

国の在宅ケア充実の政策の一環として、介護リフォームには補助金制度がある。工事には1件20万円まで介護保険の補助が受けられる（うち自己負担は1割または2、3割）。

介護リフォームの重要性は認識されているものの、現実には在宅環境の改善はあまり進んでいない。その理由は、社会貢献の意義は理解されても、ビジネスとの両立が難しいとされてきたからだ。介護リフォームは「単価が安い」「手間がかかる」と建設業者などに敬遠されがちだった。

遠藤社長はそこに商機を見出し、徹底した業務の効率化により、単価が低くても収益につなげられるビジネスモデルを構築。2016年には、同社のビジネスモデルによる実績が「先進的なリフォーム事業者表彰」として経済産業大臣賞を受賞した。

☑わが子の誕生を契機に社会貢献を意識する

遠藤社長は一見して格闘家を思わせる体格をしている。それもそのはず、学生時代にはボクシング、アメリカンフットボールなどに明け暮れ、現在は極真空手を趣味にしている。

遠藤 哉（えんどう・はじめ）社長

1975年、東京都生まれ。東京工芸大学工学部建築学科卒業後、積水ハウス株式会社に技術職で入社。新築工事の設計・監督として約300棟の引渡し実績があり、注文住宅の戸建からグループホーム、集合住宅まで幅広くかかわってきた。2009年、株式会社ユニバーサルスペースを設立して代表取締役に就任、月に700件以上の介護リフォームを行う。保有資格は一級建築士、一級建築施工管理技士、一級土木施工管理技士、宅地建物取引士、福祉住環境整備技能士1級、神奈川県震災建築物応急危険度判定士など多数。趣味は極真空手。

そのイメージと「介護」が最初は結びつかなかった。だが、その人生の過程において、介護リフォーム事業に至る興味深いエピソードがあった。

遠藤社長は東京都で生まれたが、父親が大手企業に勤める転勤族で、幼少期は各地を転々とした。高校時代に父親の転勤で家族は福岡へ引っ越したが、遠藤社長は当時住んでいた神奈川県藤沢市に一人残り、親戚の家に下宿して学校へ通った。

高校は進学校だったが、「3年間、勉強は全くと言っていいほどしなかった」と笑う。親の住む福岡で1年間浪人し、神奈川の大学の建築学科に入学した。

大学卒業時は就職氷河期だったが、「運良く最初に内定がもらえた」という積水ハウスに入社。在籍した11年間で、新築注文住宅の現場監督として300棟以上の引き渡し実績を上げた。

転機が訪れたのは28歳のときだ。きっかけは初めての子どもの誕生だった。

「正直、それまで子どもをかわいいと思ったことがありませんでした。積水ハウスの営業マンが家族連れのお客様と打ち合わせをしていて、子どもをあやす姿を見て不思議でなりませんでした（笑）」

ところが、わが子が生まれて価値観が一変した。自分の子だけでなく、すべての子どもをかわいいと感じるようになったという。

そして、「この子どもたちが大きくなったときに、幸せな世の中を実現するにはどうすればいいか」と考え始める。「自分のことで精一杯だった」という遠藤社長が「家族の未来」や「社会貢献」を意識するようになったのだ。

以来、遠藤社長は生まれて初めて真剣に勉強を始めた。いずれは起業したいという希望もあった。創業に備えて、一級建築士、一級建築施工管理技士、一級土木施工管理技士、宅地建物取引士、福祉住環境コーディネーター2級、エコピープル（環境社会検定合格者）、神奈川県震災建築物応急危険度判定士と多くの資格を取得する。

そして、30歳のとき、ある新築住宅の現場監督を担当した際に、初めて介護リフォームを経験する。施主が高齢の母親の介護のために建てた注文住宅で、バリアフリーで、家の中にエレベーターや自動ドアまである介護設備が完備されている家だった。ところが、引き渡し1カ月後に、手すりの追加工事を依頼された。手すりという基本的なものが見落とされていたのである。

「介護目的の新築住宅でも、実際に暮らしてみなければわからないことがあると知り、介護リフォームに興味を持ち始めたのです」

こうして、遠藤社長の中で社会貢献と介護リフォームがつながった。

☑ 介護リフォーム事業で念願の起業を果たす

とはいえ、実際に創業するまでにはまだ長い時間を要した。周囲からは「うまくいくわけがない」と口々に言われた。ゼネコンや住宅メーカーが手がけるのは何千万円という大きなプロジェクトばかり。介護リフォームのような少額工事を請け負って事業として成立するとは想像もできなかったのだ。

33歳のとき、二人目の子どもが生まれた。そのタイミングで決断した。最初はたった2枚の事業計画書であったが、「ニーズは絶対ある」と思った。

妻に打ち明けると、驚いたが理解してくれた。大手企業を辞め、収入はほとんどゼロになるのだ。「妻には本当に感謝している」と遠藤社長は言う。

こうして、遠藤社長は34歳でユニバーサルスペースを創業する。事務所は自宅の6畳一間。スタッフは3名からのスタートだった。手始めに、想定できるあらゆる介護事業者の元へ営業に訪れた。最初の半年は売上がほぼゼロだった。それでも繰り返し事業の説明に回った。

遠藤社長の座右の銘は「成功するまで続ければ成功する」。それを地で行くように、根気強く営業を続けた。その結果、少しずつ仕事の声がかかるようになっていき、受注件数は順調に伸びていった。

２０１１年、東日本大震災が起こった。遠藤社長は震災直後から東北へ出向き、リフォーム技術を生かして避難住民の住環境の改善に尽力した。

当時はビジネスが軌道に乗り始め、月に１００件ほどの工事件数があった。震災時は関東でも計画停電になるなど余波は大きかったが、受注が途切れることはなかった。遠藤社長は、「介護リフォームは災害や景気などに左右されることもなく、そのニーズが確実にあること

創業 10 周年記念祝賀会を兼ねた第 3 回加盟店全国大会
(2019 年 1 月)

を実感した」と言う。

☑加盟店のメリットは「早い」「安い」「安心」

介護リフォームの工事単価は他のリフォームと比べて低い。そのため建設業者の対応が悪い。手続きの煩雑さなどから工期は遅くなるし、職人の手当は建設業界の慣例である人工（にんく）計算により行われるので施工費は高くなりがちだ。

とくに、スピードの面では、一般的な事業者だと調査依頼から工事完了まで30〜60日以上かかる。

しかし、工期の遅さは介護を必要とする高齢者などにとって致命的ともなる。

「高齢者の事故が起こりやすいのは圧倒的に自宅です。リフォームを待っている間に、自宅で転倒・骨折でもすれば命にもかかわるし、寝たきりの原因になるリスクもあります」

そこで、介護リフォームへの切実なニーズに応えるためにと辿り着いた結論がフランチャイズ展開だった。スピード感を持って店舗数を増やすにはFCが最も合理的だと考えたのだ。

こうして2013年、同社は「介護リフォーム本舗」のブランド名でFC展開をスタートさせる。

実はこのとき、遠藤社長の3人目の子どもが生まれたばかりだった。二度あることは三度ある。またしても、わが子の誕生が転機になったのだ。

ＦＣ展開に向けての課題は、経費を抑えて収益性を高めることだった。リフォームの種類や取り扱い部材の限定、打ち合わせや現場移動時間の短縮などを実施し、作業の効率化とコストダウンを図った。それにより、少額工事の収益化に成功している。

ＦＣ加盟のメリットは次の３点に集約される。

●「早い」――スピーディーに図面・見積の作成ができる

介護保険を活用した介護リフォームは手続きが煩雑だ。ケアマネジャーや介護事業者なども関与し、工事を行う前に行政に申請を行う必要がある。しかし、介護リフォーム本舗では介護リフォームに特化しており、図面・見積などの資料作成を本部が支援する。現地調査時に取得した情報を本部に送ることで提出資料が作成され、調査依頼から工事完了まで10～14日と迅速である。

●「安い」――案件ごとに１円単位の原価管理と工程進捗管理ができる

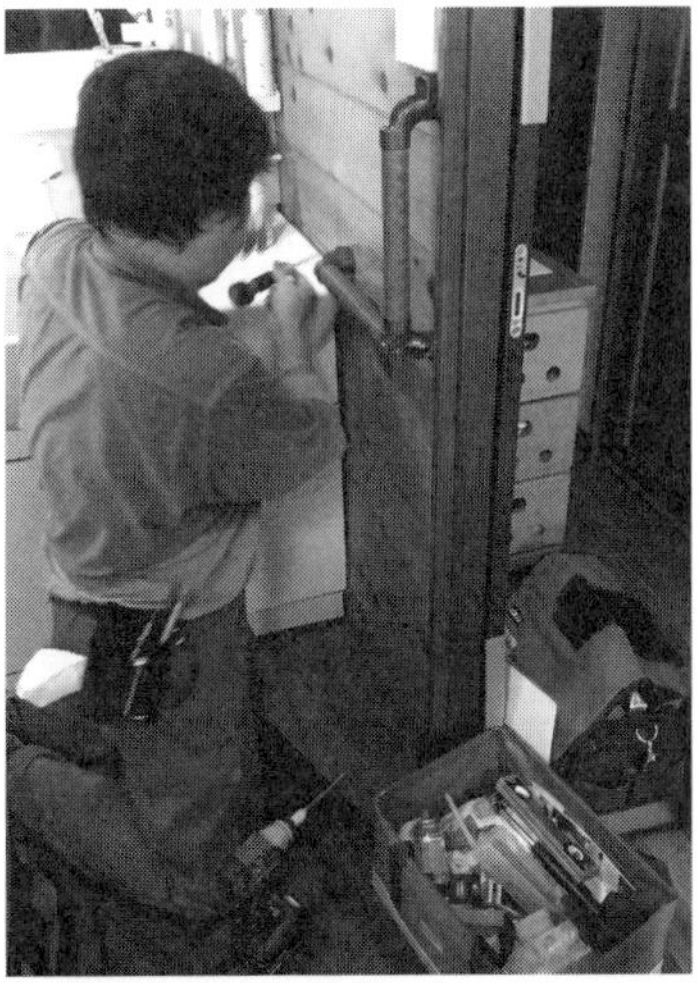

手すりの設置工事。高齢者の事故は自宅で発生することが多いので、介護リフォームには「迅速」が求められる

サービスの標準化・効率化により、適正価格と価格の透明化を実現している。たとえば手すりであればサイズや素材、本数などで全国一律価格とする。

また、介護リフォーム事業に特化した顧客管理ネットワークシステム「FUSシステム」が構築されており（ビジネスモデル特許を取得）、顧客情報、見積、見積原価、案件進捗状況、材料発注、入金まで一元管理することができる。システムはクラウドを活用しているので外出先でも利用可能。

また、工事に使う素材は共同購入による材料費のコストダウンが図られている。

●「安心」――未経験者でも本部が丁寧なサポートを行う

未経験者でもプロの介護リフォームプランナーとして仕事のできるサポート体制がある。また、全国の介護事業者3000社、施工業者1000社とのネットワークがある。

☑AIを活用した見積作成アプリでさらに工程短縮

2018年、ユニバーサルスペースでは業界で初めてAIを活用した介護リフォーム工事の見積作成アプリケーション「FUSⅡ」（ビジネスモデル特許取得）を自社開発し、直営店およびFC加盟店で運用を開始した。

このアプリを使えば、現地調査時にタブレット端末の専用アプリで写真を撮影するだけで、

ＡＩが瞬時に寸法などを計測して自動的に見積作成や画像認識による商品判断を行う。そのデータはクラウド上の管理システムと連携し、その場で工事の電子契約を締結することも可能になる。

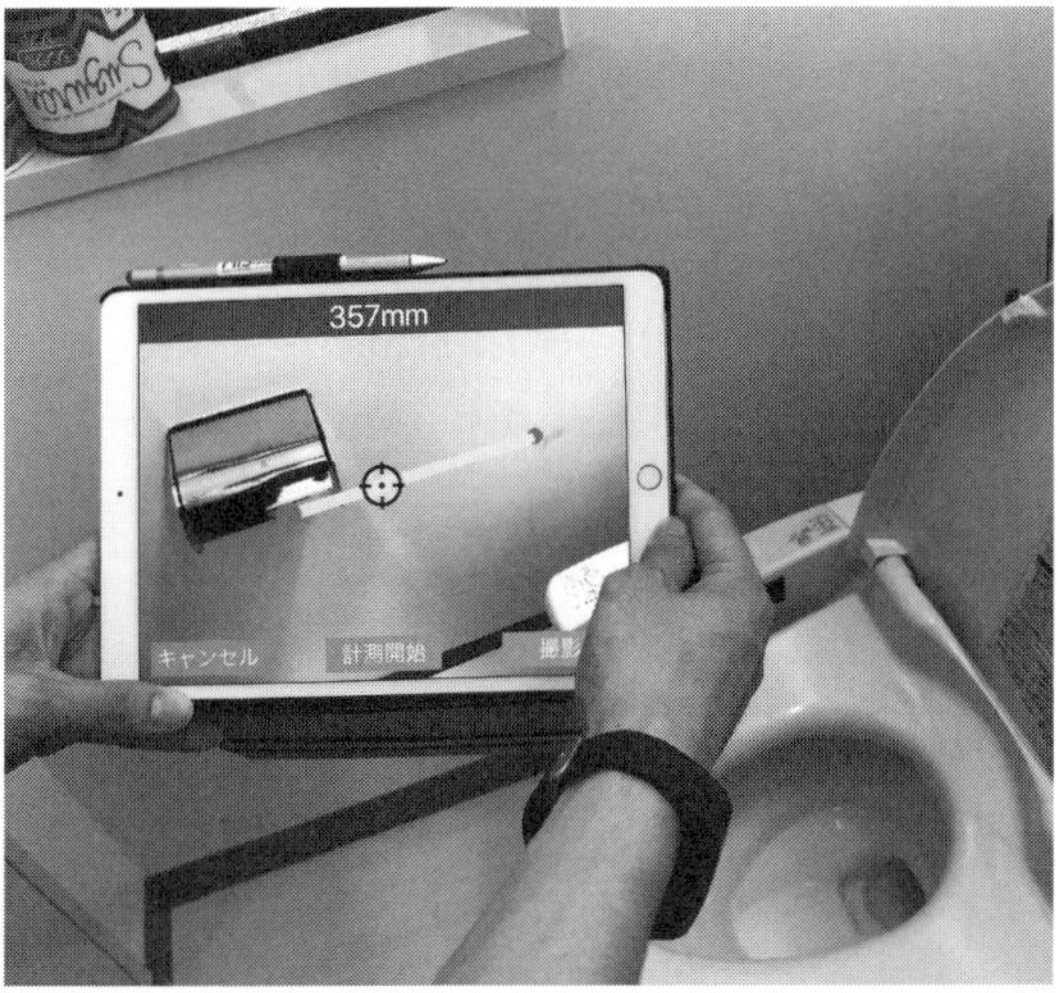

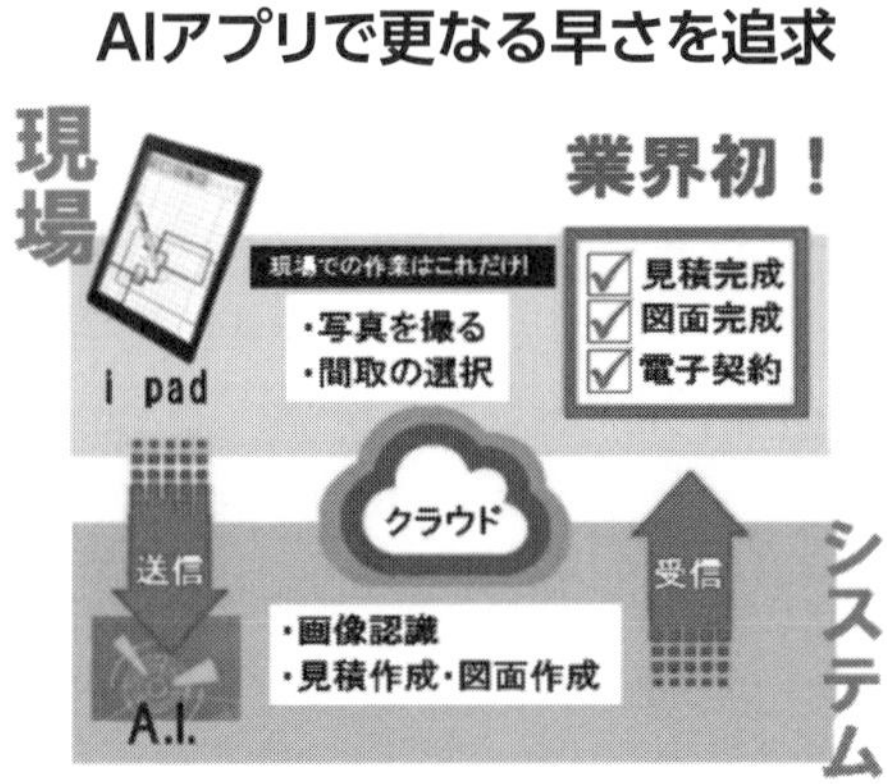

ビジネスモデル特許
名称：「リフォーム業務支援システム、リフォーム業務支援サーバ」
特許第 6391206 号

自社開発した、タブレット端末の専用アプリで写真を撮影すると、AI が瞬時に寸法などを計測して自動的に見積作成や画像認識による商品判断を行う。この特許取得アプリにより、施工までの期間の大幅短縮が実現したこれにより、施工までの期間がさらに大幅に短縮されることになった。従来、現地調査から見積・図面作成、契約まで約１週間を要していたが、このアプリはＡＩ見積・図面作成と契約が現地調査時に行われ、30〜60分の現地調査時間内で完了してしまう。

今後は、加盟店への提供のみならず、介護リフォームを手がける工務店などが無料で使用できるプランも用意する予定だという。

特許証
特許第６３９１２０６号
発明の名称　リフォーム業務支援システム、リフォーム業務支援サーバ
特許権者　神奈川県横浜市戸塚区戸塚町３００２番地
株式会社ユニバーサルスペース
発明者　遠藤　哉
出願番号　特願２０１８−００８９３５
出願日　平成３０年　１月２３日
登録日　平成３０年　８月３１日
この発明は、特許するものと確定し、特許原簿に登録されたことを証する。
平成３０年　８月３１日
特許庁長官
宗像直子

前ページの自社開発アプリの特許証
（2018 年取得）

☑複数店舗を展開する加盟店も

ＦＣ加盟の初期費用（基本プラン）は、４２０万４４００円（税込み、一括払い）で、内訳は加盟金２００万円、保証金50万円、開業支援費50万円、研修費用50万円、開業パック費用25万円、手すり見本セット８万円、システム設定費用10万円となっている。さらに、ロイヤルティが売上の８％、システム使用料が毎月５万円ほどかかる。

収益モデルの１例として、直営店（西東京営業所）のモデル損益シミュレーション（社員

2名、月商660万円のモデル）を示す。

売上高660万円（100％）、原価354万5000円（54％）、売上総利益305万5000円（46％）、人件費60万円（9・1％）、地代・家賃8万5000円（1・3％）、ロイヤルティ52万8000円（8・0％）、システム使用料5万円（0・8％）、その他経費10万円（1・5％）、償却前営業利益169万2000円（25・6％）。

加盟店には複数店舗を展開するオーナーもおり、4店舗展開（社員10名＋事務3名）、人材・事務所などは既存の資源を利用して年商3億3000万円を上げるケースもある。

☑開業前後の万全なサポート体制

介護リフォーム本舗には万全なサポート体制が整っており、未経験者でも安心して開業できる。
①開業前研修
開業前には基本5日間の研修が行われる。実地研修では、実際の現場で現地調査や工事を体験。最も重視するのは手すりの取り付けなどの現地調査方法の実習だ。ちなみに、研修センターとなっている古い一軒家はかつての遠藤社長の自宅である。
②開業時集中サポート

開業時には、専任の本部担当者が継続的に受注する仕組みづくりをアドバイスし、受注の確保のノウハウを学べる。開業時ばかりではなく、開業後も加盟店の状況の変化や困り事などに応じて適宜無料サポートを行う。

③オペレーションマニュアルの提供

開業後の店舗運営に必要な介護保険法や営業活動などのノウハウ、現地調査の方法、工事の際の注意事項などについては、オリジナルマニュアルが提供されるとともに、専任のスーパーバイザーが定期訪問を行い、継続してサポートする。

☑異業種からも安心して新規参入が可能

介護リフォーム本舗の加盟店オーナーの9割は未経験者であり、他に本業を持っている。オーナーの属性は、一般リフォーム工事業、内装工事業、電気工事業、管工事業、防水業、自動車関連事業、清掃事業、不動産業、ファイナンシャルプランナーやコンサルタントなど

FC本部の椅子はすべてバランスボール。健康促進と姿勢を良くするのが目的だ。サンドバッグとパンチングボールは健康促進だけでなくストレス解消にも役立つ

のサービス業、脱サラ独立など多岐にわたる。異業種からの新規参入は増えているという。

介護リフォームは社会貢献とビジネスを両立できる事業である。同社のビジネスモデルは確実に収益の出る構造になっているが、遠藤社長は「金儲けを目的に参入しようとする方はお断りしています」と言う。求めるオーナー像は、高齢者の生活支援に意義を感じ、顧客へ誠実に尽くす人だ。

また、本部の人材として期待するのも「嘘をつかず、誠実で一生懸命に努力する人」。2019年度は5名の新卒者を正社員として採用予定だ。

笑いが弾ける本部スタッフたち

日本の介護リフォーム市場は1兆円市場で、うち介護保険対応市場は500億円市場である。同社は介護保険対応市場を足場に、今後は介護保険による補助を受けない市場へも領域を拡大していく意向だ。フランチャイズ加盟店も全国的に増やしていく方針で、2019年末までに加盟店100店舗を目指している。

株式会社ユニバーサルスペース

設　立：2009 年 1 月
事業内容：フランチャイズ事業、介護リフォーム、一般リフォーム、設計監理・施工管理業務、宅地建物取引業、保険代理業

ＦＣ本部：〒 222-0033　神奈川県横浜市港北区新横浜 2-14-26 石川ビル 7F
電話 045-548-8829
営 業 所：横浜、相模原、湘南、西東京

沿　革：2009年、実用新案「転倒防止用縦支柱」登録
2012 年、「湘南ビジネスコンテスト 2012」準大賞受賞
2013 年、「横浜ビジネスグランプリ 2013」入賞
2014 年、実用新案「手すり」登録
2016 年、「先進的なリフォーム事業者表彰」経済産業大臣賞受賞
2017 年、「介護リフォーム支援システム」ビジネスモデル特許取得
2018 年、「リフォーム業務支援システム、リフォーム業務支援サーバ」ビジネスモデル特許取得
2019 年、「かながわビジネスオーディション 2019 」神奈川県知事賞受賞

関連サイト：https://kaigor.com/（介護リフォーム本舗）

https://universalspace.jp/

おわりに

本書をお読みになってフランチャイズビジネスに対する考え方は変わりましたか？　フランチャイズビジネスと聞いてもあまり関心がない、自分とは違う世界の話だと思われていた方も、本書を通じて印象が変わってきたのではないでしょうか。

フランチャイズチェーンといえば本部ばかり儲かって、加盟店は忙しいばかりであまり儲からないとお考えの方が数多くいらっしゃるというのは想像に難くありません。しかし、実際は、本部と加盟店がそれぞれきちんと利益を出して末永い関係を維持していくために、ＦＣ本部の経営トップも真剣に悩み、様々な努力を積み重ねていることがおわかりになったのではないでしょうか。

そして、ＦＣ本部には働く場として自分自身を活かせる職種が数多く存在することもご理解いただけたのではないでしょうか。

フランチャイズビジネス業界においては、FC本部社員として自身を成長させる、ある一定の段階でFC加盟オーナーとして独立第一歩を歩み始める、さらに複数店のオーナーとして事業拡大する、といった人生のストーリーを描くことも可能です。法人の新規事業進出の手段としてフランチャイズ加盟を考えておられる経営者の皆様も本書を通じてフランチャイズビジネスの魅力を感じていただけたのではないかと思います。

フランチャイズチェーンに加盟することで自社の将来の可能性が一気に広がることもあります。フランチャイズ加盟によって、事業拡大だけではなく、経営面でフランチャイズ本部の経営者に学べるところも多々あります。人材活用の場も広がり、社員の確保にも大きく寄与します。

本書をお読みいただいたことで多くの皆様がフランチャイズビジネスに興味を持っていただき、ご自身の人生にフランチャイズビジネスという選択肢を加えてみようとお考えいただければ幸いです。

最後になりましたが、本書の出版に際しまして、本書にご登場いただいたフランチャイズチェーン本部の経営トップ並びに取材にご協力いただいた社員の方々に感謝いたします。

また、ダイヤモンド社の担当の方々、(株)アクアネットの松久憲二君、山﨑純一郎君、中嶋滋夫君には大変お世話になりました。本当にありがとうございました。

そして、読者の皆様にもひと言。

「フランチャイズビジネスの魅力をともに輝かせましょう。夢は大きく!」

監修者　民谷昌弘

2019年3月吉日

【監修】民谷昌弘（たみや・まさひろ）

株式会社アクアネット フランチャイズ経営研究所 代表取締役社長。
一般社団法人 日本フランチャイズコンサルタント協会 会長。

1956年、兵庫県生まれ。広島大学卒業後、大手FC本部、コンサルタント会社を経て、1995年にアクアネットを創業。フランチャイズビジネス全般のコンサルティング、講演、執筆活動を行っている。著書に『ザ・フランチャイズ―ストーリーで読み解くFC経営成功の秘訣』（ダイヤモンド社）ほか多数。

【執筆】松久憲二（まつひさ・けんじ）

株式会社アクアネット フランチャイズ経営研究所 専務執行役、
チーフコンサルタント。
一般社団法人 日本フランチャイズコンサルタント協会 代表理事。
特定非営利活動法人 起業応援倶楽部 理事長。

1968年、大分県生まれ。宮崎大学工学部電子工学科卒業後、コンサルタント会社、大手生命保険会社を経て2000年にアクアネット入社。フランチャイズ本部の立ち上げから加盟店開発などを中心とした経営コンサルティング、執筆および講演等の活動を行っている。

注目FC経営トップに聞く
フランチャイズビジネスの魅力

2019年4月17日　第1刷発行

監　修　民谷昌弘
発行所　ダイヤモンド社
〒150-8409　東京都渋谷区神宮前6-12-17
http://www.diamond.co.jp/
電話／03-5778-7235（編集） 03-5778-7240（販売）
取材・執筆　嶋 康晃、山本明文（八光殿）
編集協力　西東桂子
装丁・本文デザイン　中野好雄
製作進行　ダイヤモンド・グラフィック社
印刷・製本　三松堂
編集担当　花岡則夫、浅沼紀夫

ISBN 978-4-478-10749-2